许行彬

（1872—1953）

许行彬 著

行彬文稿

海宁市周王庙镇人民政府
海宁市图书馆 编
海宁市许行彬研究会

浙江工商大学出版社

《行彬文稿》编辑委员会

前　言

许公行彬先生，出生于知识转型的晚清民初，修学期间，于光绪二十一年（1895）中秀才。后以其身参与革命，也是对科学、宗教与历史再行思考的一位时代践行者。

初识行彬先生，单纯以为其为地方开明绅士，因年轻，早年加入同盟会参与革命，后一直以发展地方民族工业名闻乡里。殊不料拜读《行彬文稿》，方知此乃余之愚识。这位号称"西湖闲人"的行彬先生，实乃一国学高手和育人良师。幼年时就聪颖过人，才华纵横乡里。青年时尤擅策论，今日我辈捧读的这册《行彬文稿》，正是当年这位意气风发的年轻人，立足海宁，放眼全国的融政治与学术于一体的研经治国之论，其立志变革、锐意创新的思想，不啻为当时中华欲易阴霾杂乱之世界的呼救，寻纳晴朗和平开明之先声。吾中华民族，正因有许公等众多抛财为民、舍身救国的仁人志士，才会使辛亥之火有望传续。

　　《行彬文稿》分集有三，一曰《行彬文稿》，首篇以《论顾亭林、王船山学术异同》开来哲。许公分辨顾、王之"三异"，又梳理出顾、王之"四同"，虽未断下定论，实已为吾辈指点迷津，尤若山径之蹊间，引然点踩成吾等可走之路。而大文《驳日人言性》，站于唯物之基，说："夫良心可谓善之基，私欲可谓恶之基，而不可谓性也。"于此，许公之伦理见解，曰"人有三等，性有三品"，已初见明论，可惜文因缺页，留下未及总论之遗憾。《读严光传》，正若孙伯埙先生所评，乃"从光武言语之中看出子陵有帝王思想"，于今吾等捧若高逸之子陵退隐，实是提供了多元再思之见。另篇《郭解论》，可谓与之成双璧。许公之解侠，以道德为先，而批评单纯复仇之愚，倡骨气而崇侠，让人可重新去认识侠者为何。故许公批《史记》之偏取，"以侠称解，是辱侠也"，既为侠正了名，亦为吾等后学，洞开又一明窗。

　　《行彬文稿》另一妙论，在于《曾文正〈圣哲画像记〉书后》《进化为天演论，自秦汉以至今日所谓进化者何在》和《〈史记·管晏列传〉书后》。就曾文正公之圣伟者，许公另辟一径，专以不全之质疑，而取以疑求智之全。既显露了圣哲之偏之好恶，又警示且呈明正之效。《进化》一文，于进化之历史划片，泾渭分明。言道秦汉前进化，言之凿凿；再论秦汉之后进化之减却，亦在细捋筑长城、治水、立法、百家争鸣、交通、外交、医畜牧农等一方之进化，诚如蒋宰堂先生所评，乃"援据历史，以明种种进化"，可谓进化简表是也。而文末嗟叹近代"政受之于外人"，学术（文化）

反客为主，犹"后魏染我华俗"，于今读之，仍有警醒之功。《〈史记·管晏列传〉书后》，许公则又不从俗思，独立思考提出六个"未解"，虽也如评家魏仲东先生说，是先生"见得轶事之不可尽信"，吾思其文另一深意，恐还在考察司马史公缘何会有让人读之有此"六个未解"，此恐政治与权谋作祟亦未知耶。

二曰《十年流亡之生日吟》，在"造物待人亦有心"的境遇里，行彬先生面对溃兵进村的掳劫，"奋身振臂与周旋"，"独抱热忱护梓里"。而后"饱阅沧桑淡名利"中，参议政事，见"吾民膏血视泥沙，不允诛求持正义"时，亦"自矢生平不献媚，仔细面陈颖川前"，事果当然是"在职半年竭尽忠，倔强动触权门忌"，终于"掉头不顾出公门，一笑初衷自此遂"。公心人格，在此清晰可见。而返乡营生蚕丝的许公，亦仍是"生性素狂不畏强，每于官吏严责备"，"所争为公不为私，北来伯起心头记"。之后乡居半截郁郁寡欢的祖谦先生，刚移居杭州，见孔庙又被占据，便"事过境迁心又热"，因"大道云亡孔是卑，庙中鸠占形残缺，耆硕起争状复原，相推为首求贯彻，撰文力挽旧藩篱，自愿背时任攻讦"。瞧，又是许公为首，力陈孔庙复原，重光先师，怎不叫人膺服。由《生日吟》，涉乡梓、参政、商事、教育等。可窥祖谦先生为人者，处世者，皆一腔热血，倾力乡梓，尊贤重民，勇站前列，其家国情怀，无不溢于诗词之间。

三曰《丙寅狱中记》，所累文字之狱，假为借口，实乃先生倡导革命，痛斥污吏，忧国忧民所致。内中文字，于狱中所见所闻，或人或事，或物或象，均言行中见出受难，细微中见出惨景。文前句后，亦不乏人性之关怀。

晚清民初，政治转型，新政、立宪与革命，风云该一时代。许公行彬，作为秀才，有守正之意；作为商贾，有革弊进取之心；作为政人，有与时代互动之姿。《行彬文稿》一册三集，正式刊行，可让我们重温时代气息，动荡风月，从中更可清晰解识祖谦先生心、性、才、情之不可间辍于岁月的青山之韧，孤灯之光。

王学海
辛丑八月，白露后六日

目　录

前　言……………………………………………………………01

行彬文稿

与钱振常书……………………………………………………… 003

目　次…………………………………………………………… 005

论顾亭林、王船山学术异同…………………………………… 007

拟范蠡去越后遗文种书………………………………………… 009

驳日人言性……………………………………………………… 011

汉武三大将卫青、霍去病、李广利皆由女宠进用论………… 013

孤山探梅记……………………………………………………… 015

谢皋羽《西台恸哭记》书后…………………………………… 017

读《严光传》…………………………………………………… 019

郭解论…………………………………………………………… 021

白种之强，常惧黄祸。黄、白二种心材智力孰为优胜？

若文明程度相均，其消长盛衰之数如何？ ………… 024

汉寿亭侯印辨 ……………………………… 027

蔡邕哭董卓论 ……………………………… 028

代某氏为夫鸣冤上张中丞书 ……………… 030

书杨恽《报孙会宗书》后 ………………… 033

得二良友不患四仇敌说 …………………… 036

贯高论 ……………………………………… 038

论陈平纵反间于楚 ………………………… 041

砭顽篇 ……………………………………… 042

曾文正《圣哲画像记》书后 ……………… 045

张纲埋车轮于洛阳都亭论 ………………… 048

进化为天演公例，自秦汉以至今日所谓进化者何在？ …… 050

增中丞农工研究会训词 …………………… 053

《史记·管晏列传》书后 …………………… 055

春　兴 ……………………………………… 058

题出塞图 …………………………………… 059

题马嵬驿 …………………………………… 060

题烟雨楼 …………………………………… 060

在常山为劝酒所苦，口咏一绝谢之 ……… 061

自衢州回杭赠舟中雏妓 …………………… 061

渔　翁 ……………………………………… 062

闺　女 ……………………………………… 062

游西湖 ……………………………………… 063

西湖竹枝词 ………………………………… 064

闺　怨 ……………………………………………… 065

清平乐 ……………………………………………… 065

转应曲 ……………………………………………… 066

同学堵君，戏将胡君之帽藏之刘君帽中，仍安案上。

　　胡君寻之不获，予咏此以示之 ……………… 067

题飞霞洞卧树 ……………………………………… 068

游江心寺用刘君冠三原韵 ………………………… 069

又用黄君仲筌原韵 ………………………………… 070

又调寄长相思 ……………………………………… 071

再题卧树 …………………………………………… 072

无　题 ……………………………………………… 073

无　题 ……………………………………………… 074

坐而言。不应，隐几而卧。客不悦曰 …………… 075

君子未有不如此 …………………………………… 077

禹闻善言 …………………………………………… 079

如伋去 ……………………………………………… 081

让以得之 …………………………………………… 083

十年流亡之生日吟

生日吟自序 ………………………………………… 087

戊寅六十五　四绝 ………………………………… 088

己卯六十六　七古三百六十韵 …………………… 089

庚辰六十七　十二律 ……………………………… 123

辛巳六十八　调寄望江南 ………………………… 131

壬午六十九　十律 ·· 135

癸未七十　八律 ·· 140

甲申七十一　五古五百韵 ·· 145

乙酉七十二　六律 ··· 212

丙戌七十三　二十绝 ·· 217

丁亥七十四　十六绝 ·· 223

丙寅狱中记

丙寅狱中记 ·· 231

附狱中感赋七首 ··· 240

后　记 ··· 245

行彬文稿

与钱振常书

笾仙足下：

仆与足下订文字交有年矣。足下善属文，仆亦好言文。惜乎！今日文学一科势成弩末。嚣嚣者流动谓："中国书籍汗牛充栋，老死不能卒读。穷年兀兀适以消磨英雄志气，无济于家国事也。"于是一倡百和，鄙之薄之，不屑研究。六经束阁，三传当薪，以儒冠为可溺，以儒丐为相等。见老宿则极口而诋，谈文章则掩耳而走。甚且崇拜外人，附膻逐臭，尽弃我国学，而从事于欧美诸学说，傲然自喜。维新能尚实学，足当识时之俊杰。诰问以寻常日用之字，及历史上最有名誉之人物，则目灼灼视，舌桥不得下，盖皆未之知也。噫，仆诚虑尧、舜、禹、汤、文、武、周、孔以来斯文一脉，将见灭于若辈之手也。仆闻之，灭人之国者必先灭其文。英之于印度，俄之于波兰，其前车矣。若辈何不思之，甚而竟蔑视乎文也。仆尝作国学保存之想，苦于此间人士，虽曰济济，根器浅薄，鲜有足与语文者。兼之仆寡交游河海名流，相知无几，称知己者殆惟

足下。足下能文，又当世之知文者也。仆有文稿，自惭芜秽，
但当覆瓿覆瓮，不足以污足下之目。因念足下向誉仆所为文，
仆文又随作随弃，存者祇十之二三。用特寄呈就正有道，并
望有以匡仆不逮。勿以仆为厚颜自献其丑，则幸甚。

许祖谦拜上

目　次

论顾亭林、王船山学术异同

拟范蠡去越后遗文种书

驳日人言性

汉武三大将卫青、霍去病、李广利皆由女宠进用论

孤山探梅记

谢皋羽《西台恸哭记》书后

读《严光传》

郭解论

白种之强，常惧黄祸。黄、白二种心材智力孰为优胜？
若文明程度相均，其消长盛衰之数如何？

汉寿亭侯印辨

蔡邕哭董卓论

代某氏为夫鸣冤上张中丞书

书杨恽《报孙会宗书》后

得二良友不患四仇敌说

贯高论

论陈平纵反间于楚

砭顽篇

曾文正《圣哲画像记》书后

张纲埋车轮于洛阳都亭论

进化为天演公例，自秦汉以至今日，所谓进化者何在

增中丞农工研究会训词

《史记·管晏列传》书后

论顾亭林、王船山学术异同

　　呜呼！大丈夫怀抱利器，郁郁不得志。退而著书，综贯百家，上下千载。详考其得失之故，论议其成败之由。以天经地义为不可灭，以国计民生为不可忽，以华夷种性为不可混，而传学术以开来哲。其功固甚大，其心亦良苦，其人岂数数觏哉。

　　吾于明末大儒中，得二人焉，一为昆山顾氏，一为衡阳王氏。顾、王二先生，其为亡国之民同，其抱亡国之痛同，而其学术则有异焉者。顾以朱子为宗，谓"君子之学，舍礼何由"，而维持礼教；王以张子为宗，谓"张子之学，上承孔、孟"，而详志正蒙。此其渊源所异者一也。顾富于政治思想，以天下之事，匹夫有责，其所著《郡国利病书》《肇域志》及《日知录》等，无一不期于致用；王明于种族思想，以皇汉于孙，出自黄帝，其所著《黄史》及《读通鉴论》等，于彝夏人禽之界，辨之甚严，此其思想所异者二也。顾之学发明也早，于九经诸史能背诵，于实录奏报则手钞，博古通今，言皆经术，为国家所利用。故其文章，有及身而行于世者。王之学发明也迟，前明鼎革之初，伏处南疆，言皆亡国之音，说皆亡国之惨，痛诋夷虏，忌讳甚多。故其遗书，直至洪、杨乱定，始见刊于湖湘。此其发明所异者三也。

之三者，顾、王之相异处也。虽然亦有同焉者，顾氏论学，以汉学为不可废；王氏论学，以汉儒为门户，此其重汉学之同一也。明儒空疏，高谈理学，于世无用，遂丧厥邦。顾氏力辨王、陆之非，王氏归咎象山、姚江，此其崇实学之同二也。李二曲母亡，求传于顾，顾以文不关于经术政事不足为谢。吴三桂僭号，有以劝进表求王者，王以不祥之人不足用辞。此其敦文品之同三也。顾刻《日知录》，与友人书，谓："近代二百年来，未有此书。"王著《噩梦》书，指陈民间利弊，谓："有王者起，必来取法。"此其自信之同四也。有此四同，而三异乃愈见。

吾不敢知曰："顾、王之同异，尽在于此。"吾敢决之曰："顾、王之同异，无伤其为同，无伤其为异。"吾读顾、王之书，心向往之。虽为之执鞭，所忻慕焉。

条辨其异同之故，语语餍心切理，绝不浪使笔墨。平日非于二家门径皆已窥寻临文，那能头头是道如此。

蒋宰堂先生评

拟范蠡去越后遗文种书

子禽足下：

仆目率妻子乘扁舟浮海来齐后，未尝一日忘足下也。足下行成于吴，玩吴于股掌之上，卒报会稽之耻，名立功成。人皆为足下贺，仆独为足下危。仆闻之大名之下难于久居。今足下之名大矣，此可危者一。不赏之功，必不见容。今足下之功高矣，此可危者二。且越王为人，可以同患，难与处安，此可危者三。又甲兵之事，足下所长，尤中越王之忌，此可危者四。又勇而善谋，伍胥为吴王言之，虑足下也。伍胥虑足下，吴王有不虑足下乎？以人臣而为人主所虑，此可危者五。又伍胥效忠，见谗言于伯嚭。属镂之赐，目前事也，足下见之否乎？足下自思之，能保越无伯嚭其人乎？此可危者六。

有此六可危，愿足下深虑之。足下与仆素称相知，亦知仆之所以去乎？仆非慢为弓藏也，实以君主之交不足恃，臣子之忠不能保，与其与他时之狱，贻越王以残害功臣之名，不若见机而作，为君臣两全之计耳。况如仆者随足下后，事越王二十余年。虽有微功，尚无授人疑忌之端。然临去时，越王犹有分国之说，一若以仆觊觎越国也者。于仆如此，于足下更可知也。足下能无自危乎？愿足下熟计之。足下之智能知吴王，岂有不知越王乎？越王为人，仆且知之，足下岂不逮仆乎？仆料足下徘徊观望，必有以也。或者所怀七术，用其三而遗其四，不无跃跃欲试之思。纵明知越王之非人，犹将侥幸一试，于灭吴后，创一伟大之事业。英雄壮志，仆原不敢厚非，然而危矣。不见夫走狗乎？狡兔未死，猎人惟走狗是赖。及狡兔死，走狗之力犹欲追杀余兽，而猎人已取而烹之矣。足下将来难免类是。是非仆故为危言。事成身戮，自古皆然，愿足下详察之。足下如以仆言为不入耳，谓："人人相率远引，谁复为越王谋者？"此诚足下爱越之心也。但足下爱越，其如越王未必爱足下。何足下毋自以为勠力事君，可云无罪也？语云："敌国破，谋臣亡。"足下应计及之也。足下非利令智昏者，又非驽马恋栈者，何不舍而之他乎。往者仆在越，每谓去就之处，足下较明于仆，必当先仆而行，不意足下不行也。迨仆去越，又谓足下必继仆之后，明哲保身，无待仆言，不意足下仍不行也。足下久处危疑之地，欲何为乎？夫明者见于未然，智者决于将事，仆所望于足下也。仆用不辞多事，不避忌讳，谨布腹心，愿足下勉思。仆言速图之，毋贻后悔。蠡再拜。

以锐爽之笔，达深湛之思。无意不掺，无词不透，直是石破天惊手段。令当日大夫种见此书，未有不憬然而悟，飘然引去也，惜哉！

魏仲车先生评

驳日人言性

吾尝编伦理学。至言性，窃以为性善性恶之问题，日人之言，一方面之见，不足为训也。彼其言曰："性之善恶，良心私欲之关系而已。良心胜私欲则善，私欲胜良心则恶。"推其原，盖出于独逸康德之旨，应以善意则为善，应以恶意则为恶，而未闻我中国大儒之人论性也。

我中国大儒之论性，有谓"性本善、本恶"者，有谓"性可善可恶"者，有谓"性无善、无不善"者，有谓"性有善、有不善"者，有谓"性未可谓善恶"者，有谓"善恶非性"者。如孟子则曰："人之性善。"荀子则曰："人之性恶。"扬子则曰："人之性，善恶混。"告子则曰："性无分于善不善，犹水之无分于东西。"董子则曰："禾虽出米，未可谓米；性虽出善，未可谓善。"韩子则曰："性之品有三，上焉者，善焉而已矣；中焉者，可导使上下也；下焉者，恶焉而已矣。"周子则曰："性必感动于物，而后善恶别。"张子则曰："天地之性，与气质之性，分性为二种。"程子则曰："性者理也，理自尧舜至涂人一也。"朱子则感服程子之说。王荆公则曰："七情未发，存于心者性也。七情已发，见于外者情也。性情非可以善恶名称。"聚讼纷纷，莫可解决。

呜呼！以我文明最古之国，往圣前贤，几经讨论，几经辩驳，犹然莫衷一是。彼区区岛国，性理之学，有何发达，乃敢一语断之曰"良心私欲"？夫良心可谓善之基，私欲可谓恶之基，而不可谓性也。性也者，与生俱生，难言之矣。子贡曰："夫子之文章，可得而闻也。夫子之言性，不可得而闻。"岂真不可得而闻哉？直以性理难明，闻如未闻也。不然，相近不移。子贡日在圣门，焉有未之前闻乎？

吾故于编伦理学时，集众说而研究之。窃谓性本善耶？越椒何以有豺声？性本恶耶？后稷何以克岐嶷？性可善可恶耶？尧、舜为父，何以有朱、均？瞍、鲧为父，何以有舜、禹？性无善无不善耶？安刘之期，何以在周勃？吾族之忧，何以畏卢杞？性有善有不善耶？忠臣孝子，何以少恶行？元恶大憝，何以少善德？性未可谓善恶？何以子源义士，张超决其不背本，而果来赴救？介甫刚愎，眉山预著《辨奸论》，而其后不爽？善恶非可以名性？何以朱邑仁厚，未尝笞辱人？阳球严厉，终为酷暴吏？性之为性，起古人而难之，吾知皆无以自解也。

总之，古人言性，虽皆各有所见，各有一理，要不免一偏之弊也。取而较之，韩子之说为长。何则？性因乎人，人各有性。如仅以个人之性，概众人之性，适形其见之偏耳。吾故曰："人有三等，性有三品。"韩子之说，于义圆满，吾无赘焉，彼日人者，所谓知其一而不知其二也，是乌足以言性。

融会群言，折衷至当，识力学问并自胜人。

蒋宰堂先生评

汉武三大将卫青、霍去病、李广利皆由女宠进用论

呜呼！三代而下，人臣之不以夤缘进者，盖亦寡矣。吾读《汉书》至武帝三大将，若卫青，若霍去病，若李广利皆由女宠进用。论者或为三大将惜，谓："如三大将者何必女宠而始进，进由女宠，名实不正，此三大将之污点也。"或为三大将幸，谓："古今英雄无进身之阶，埋没于空山中者，不知凡几矣。三大将倘无先容，虽有将才，恐亦终为人奴倡优已耳，安在其必见用也？用由女宠，遂以立功，此三大将之侥幸也。"

然自吾视之，窃以为之二说者，皆未尽然也。何则？武帝雄才大略，知人任使，不拘常格。其求贤之诏曰："泛驾之马，跅弛之士，亦在御之而已。"非千古善用人之明主哉？武帝善用人，三大将生武帝世，具有将帅之材。既微女宠，亦不至长贫贱者。观于李广、张骞、公孙敖、赵异、食其、杨仆等罪，皆当斩，而许赎为庶人后，复重诏起用。并无椒房之援，共

建异域之功,从可知矣。又武帝女宠不止卫皇后、李夫人二人。乃卫、李二家,俱握将印。而宠姬王夫人、钩弋赵倢伃,其诸昆弟仅受赏赐,无一在位。岂武帝独厚于卫、李,而薄于王、赵耶?夫亦以王、赵二氏,皆录录不足用,而卫青、霍去病、李广利实有可用才耳。赵瓯北以三大将出自淫贱,苟合徙以女宠进后皆为名将,为理之不可解。吾谓此诚易解也。武帝好兵,宫中揣摩上意,必阴嘱三大将先留意于兵事。不然青也,去病也,广利也,何以皆使为大将耶?又何以皆无愧为大将耶?

吾尝叹,好色之君,内宠盛而外戚进,鲜有不亡国破家者。及观武帝三大将皆由女宠进用,皆有大功于汉,又未尝不慨然曰:"人君用人,但当知人,不必以女宠为虑也。而武帝乃夐乎尚矣。"

通体以武帝善用人立言,撇却他说,证佐明通,笔锋铦利,至宫中揣摩数语,尤为精辟不刊。

孤山探梅记

丁未十月十有二日，许子泛孤舟，抵孤山之下，问舟子曰："山上寒梅，开耶？未耶？"舟子曰："异哉，先生之问也。先生不见夫今之游客，大抵熏心华屋，接踵于豪富之门，而绝迹于高隐之宅耶？小人操舟，随客所至。客之至孤山者鲜，小人之不至孤山久矣。小人又焉知孤山之梅，开耶？未耶？"许子闻此，伤孤山之冷落，叹寄赠之无人。舍舟登陆，不数武，闻有香自岭上来，复前行，见和靖墓旁，老干数株，半花半蕊，不受尘埃之侵，似从和靖洁身者然；不作华丽之妆，似为和靖素服者然。呜呼！和靖妻死不娶，以梅为妻，当时好事之徒，不过据为佳话，庸讵知今日长伴孤山者，即此梅耶。梅之树无地无之，而孤山之梅独传，梅何幸而生于孤山，又何不幸而生于孤山。孤山之梅，孤芳自赏，千百年来，只识和靖已耳，遑计后之有许子哉！许子爱梅花，尤爱孤山之梅花。是日闻舟子言，以游西湖者大半俗子，不禁感慨系之，因归而为之记。

寓意高洁，修然独远。

魏仲车先生评

范景文《西湖》诗："湖边多少游者，半在断桥烟雨中。尽逐春风看歌舞，几人着眼到青松。"此文与此诗同一见解，可以砭游湖者也。

曹声九先生评

谢皋羽《西台恸哭记》书后

（前缺）曰："今人不有知予心，后之人必有知予者。"噫！其所谓心，果何心耶？如曰"不忘故旧之心"也。竹石之碎，犹伯牙之擗琴，则"每一动念，即于梦中寻之"，其记中早自明之，何言乎今人不知也？或者曰"此其眷怀祖国之心"也。招魂之歌，犹箕子之咏《麦秀》，屈子之作《离骚》。似矣，仍未得其真也。盖"江山人物，眷焉若失"，其记中又自明之，无待乎后人表之也。然则皋羽之心，果何心耶？吾得而知之矣，请言之。

古来亡国之恨，未有甚于宋者。三代以上无论矣。自汉而下，除分裂割据外，一统王朝，兴亡嬗代，无一非黄帝之子孙。独至于宋，则不亡于同种，亡于异族。当其时，世杰败矣，秀夫死矣，少帝溺矣，赵氏绝矣。文公被执，不屈于燕矣。

皋羽章皇山泽，逃避民间，目睹元虏，屋我宗社，据我土地，攘我财产，戮我祖宗，奴我子弟。使我中原豪杰，毙于刀锯；使我上国衣冠，沦于夷狄。伤心哉！欲继申包胥之志，哭于秦庭。而秦庭无可觅，于是移其哭于秦庭者哭于西台，西台为一抔干净之土。皋羽此哭，一若欲以一掬之泪，洗彼腥膻也者；又若欲以数行之泣，醒我睡梦也者。不百年间，我皇族中，果有一伟大人物，应其哭而出，自江淮起革命军，直抵大梁，扫尽胡氛，还我河山，雪我宿耻。我知此时，皋羽在地下，了其恸哭之心也。

总之，皋羽之心，即鲁连蹈海，陶潜存晋之心也。其种族思想，虽不表彰，而已流露于恸哭之间。后之王衡阳，皋羽之第一知心人也。若张浦阳、黄梨洲，亦皆发明皋羽之遗意者也。我故曰："皋羽之哭，不仅为知己，为亡国，而兼为种族也。不然，忠臣义士之心，有何不可暴白。而为此忌讳，瘦语隐词耶？"呜呼！我书《西台恸哭记》后，我亦不禁怆然涕下矣。

英雄之气，孤孽之心，身世之悲，种族之痛，迸露字里行间。作者固是有心人，阅者亦窃附于知音之末。盖同此感情，深喻此中甘苦。非曰"知文"也。

蒋宰堂先生评

读《严光传》

论子陵者多矣，无不以高士目之。吾谓子陵非仅高士已矣，乃奇男子也。与光武同学时，必有不可一世之气概。光武知之审，故即位后，急欲访而致之。子陵自恨不能与光武逐鹿中原捷足先得，乃避于富春。及光武聘之，三反后至，光武幸其馆，即其卧所。故人相见，握手殷勤，叙寒暄，谈离别，可也。何遽呼曰："咄咄子陵哉？"吾意当时，子陵心事露于颜面，已为光武所窥破。不然，子陵虽卧不起，光武虽欲臣之，何至一见之下，即之呼咄咄，而以不可相助为理见责也？况又曰："我竟不能下汝。"此种词气，隐然欲以天子之权，施诸故旧。子陵处此，能低首下心乎？至"朕何如昔时""陛下差增于往"，一问一答之间，光武之得意，以盛气傲子陵；与子陵之失意，以冷眼觑光武，更昭然若揭矣。总之，光武非真欲臣子陵也。真欲臣子陵，当尊敬之，笼络之，不当轻慢之，逼迫之。然则光武之致子陵，果何为也哉？吾得而测之，曰："欲察子陵此日之心耳。"子陵非但不屈于光武也，直示此日之心，犹往年同学时也。不过以天下已平，无可籍手，不得不为巢父以自高声价。若夫故交尊贵，冀得攀龙附凤以为荣，是子陵之所大耻也。子陵不肯臣于光武，子陵有大志也。吾故曰："子陵奇男子也。"彼仅以高士目之，皆未知子陵者也。吾读《子陵传》而神为之往矣。

从光武言语之中看出子陵有帝王思想，此种议论，非平时读书自具只眼者不办。

孙伯埙先生评

郭解论

吾读《游侠传》，窃叹太史公之于郭解，亦以侠称之，洵未得其当也。夫郭解，阴贼诈伪之人耳，日用其手假生杀予夺，以驰骛于闾阎之间。吾就其行事观之，实有大不合者在焉。

侠者，取予不苟，商贾之行，鲁连尚不忍为，而况盗贼乎？解则剽攻焉、掘冢焉，贪婪等于虎狼，横暴及于骸骨。义无可取，仁于何在？此其大不合者一也。

侠者，救人于厄，朱家之脱，季布庶乎近矣。解则反其所为，明知姊子不直，犹欲贼自来归。虽遂去之以市高义，而当使人微知之处，固已阴肆迫胁也。不然，贼何窘急如此耶？此其大不合者二也。

侠者，羞伐其德。一人箕踞，于我何伤？解则处心积虑，始焉问其姓名，继焉脱其践更。若曰："尔虽慢我，我必使尔感我之德。"肉袒谢罪，早在意计之中。此其大不合者三也。

侠者，排难解纷，本为分内之事。光明磊落，有何不可告人？解则洛阳相仇事，夜见夜去，惟恐人知。且谆谆以不夺人权为词。噫！睚眦报仇所杀甚众，解之夺人权屡矣。今言及此，岂有悔乎？吾意"仇家曲听"，曲听云者必有难于暴白之情，居间晻昧。此其大不合者四也。

侠者，振人不赡。李白东游维扬，落魄公子悉皆济之，此何等慷慨哉？解则自喜为侠，未闻急人之急，实有轻财好施之举；而临徙茂陵，反受千余万之馈送。己不振人而求人振，且衔恨杨掾之翮塞。此其大不合者五也。

侠者，交结豪士，自具独立之性质，初不必倚赖权贵也。解则得卫将军为言家贫。夫使卫将军而亦侠也，以侠爱侠，犹有可说。乃卫将军者，鉴于魏其、武安之祸，未与招士之卫将军。贤士毋称，而解独见，知肯为解言。解之请讫与否？贿赂与否？虽未可知，要亦非一无因也。此其大不合者六也。

侠者，无不知爱其亲，亲在之日，不肯以身许友，岂肯以身试法乎。解则老母当前，不思稍为之地。身陷文网，未尽乌鸟终养之私；母置夏阳，使抱老牛舐犊之痛。较之专诸、聂政辈，惭德良□也。此其大不合者七也。

侠者，好行其义，抑强扶弱，主平社会之不平，故社会赖之焉。解则恃党暴横，专复私怨，时而兄子杀人，时而门客杀人，时而躬自杀人。作奸犯法，无有一事赴公义者，是不平社会之不平，而转增社会之不平也。社会何赖哉？此其大不合者八也。

侠者，不爱其躯，不累于人，杀人自首，气概凛然。解则吏捕畏罪，亡命临晋，既无人破产相容，又复祸及少公，自累累人。曾谓侠而如是乎？此其大不合者九也。

侠者，横行暗杀，即不自首，亦留姓氏以示人，不欲冤及无辜也。解则于使者坐，令人诇察，断儒生舌，终诿不知。迨公孙丞相以"罪甚于解知"论之，而解欲逃罪，仍无可逃。呜呼！男儿不死于激昂，而死于畏怯，贻笑千秋。此其大不合者十也。

有此十大不合，吾因是于《游侠传》中独不满于解。解无侠之资格也，解无侠之道德也，解无侠之气骨也，解无侠之事实也。不过用其阴贼诈伪之手段以博声誉，以笼络诸恶少耳。而太史公亦以侠称之，无怪乎？班固讥其进奸雄也。或者曰："太史公传《游侠》以解终，盖伤自解以后，欲求知解者而不可得也。"吾谓如解之行，招集群盗，盗欲自快。凡市井无赖之尤者，皆优为之。太史公何取于解乎？以侠称解，是辱侠也，是适为贱侠者所笑也。虽然吾言如此，吾见今之受人之辱，心知其仇，隐忍不敢图报。反贪其能富贵，我能尊荣，我而甘为之奴隶，腼颜事之，是又解之罪人也。解一布衣，风动一时，状貌不及中人，言语无可采取，而天下无贤与不肖、知与不知，皆慕其声，解果侠也乎哉？

寻绎本传，细心推勘，理极卓意，意极刻挚。具此笔力，足以折服翁伯矣。

魏仲车先生评

白种之强，常惧黄祸。黄、白二种心材智力孰为优胜？若文明程度相均，其消长盛衰之数如何？

文化不可狃，狃者败；民族不可涣，涣者亡。巍然立于五大洲，矗然位于九大国，翘然冠于五人种，而不能于今日竞争世界，占优胜地者，非我黄种之辱乎？

我黄种祖先，历史之上战胜外族、臣服外夷，何其盛也！我黄种子孙，海通以来利权外溢、政权外制，何其衰也！我思之，我痛之，我断之，曰："黄种非劣也，狃也。黄种非弱也，涣也。"黄种而劣，早为澳洲之黑种也；黄种而弱，早为美洲之红种也；何能至今依然无恙耶？

今之人种，居第一位置者，莫如白种。白种主义尚进化，非若黄种之狃于保守也。白种人群尚团结，非若黄种之涣散如沙也。白种心材优于黄种，白种智力胜于黄种。白种称天骄，黄种为奴隶。黄、白二种，似不可同日语矣。而正不然。

拏坡仑之野心，腥风血雨震荡欧西，而影响不及于黄种，非黄种当时有不可犯之气象乎？成吉思汗之西侵，一朝之兵耳，而黄祸之说，遂宣腾于白种之口，印藏于白种之脑，横亘于白种之胸。虽曰："白种深谋借此以耸国民之听，激动国民敌忾之心。"要亦足见其忌黄种，防黄种，视黄种之高，而畏黄种之甚也。况黄种实有足多者，茫茫神洲，不第所领之土地，所有之物产，较胜于其他各种。即人数之众，几经内乱，几经外患，犹然冠绝于全球。白种所谓富于生殖力者，我黄种有也，且也。澳增身税矣，美虐华工矣，南阿、南美瘴气逼人来矣，而足迹仍遍于各处。白种所谓生有耐苦性者，我黄种然也。

黄种乎，黄种乎。庞然自大，睡狮之梦不醒；众而不群，撒沙之羞不涤。将为犹太，将为波斯，将为印度，我不忍言也！

黄种乎，黄种乎。奋其耐苦之性，日日求进步；用其生殖之力，人人结团体。十年生聚，十年教训。文明程度与白种均，出而与白种角。我知句践报吴之志，可复偿也。

我知白种不足为黄种敌，而自退居于衰败之列也。我非夸言，请以黄种之一部观之。日本区区岛国耳，明治维新不过数十寒暑，辽东一役，威震全欧。褫白种之魄，破白种之胆，夫非彰彰可见，为我黄种之光彩乎？我故曰："黄种狃耳，涣耳。苟不狃亦不涣，不但可与白种并驾齐驱，必将凌而上之。而谁谓黄种劣，而谁谓黄种弱？而奈之何狃，而奈之何涣。"

康南海至奈波里，谓意人贫诈，盗贼尤多。且言褴褛之态、颠连之状，各国多有，皆所亲见。未游欧洲者，想其地，若皆琼楼玉宇；视其人，若皆神仙才贤。岂知其垢秽不治，诈盗徧野如此乎？近日士夫媚外太过，以区区之日本岛国，而趋之如膻。洋人来华者，不问其为庸奴下贱，而皆奉之若神明，真可叹也！日人谓我十年亡国，百年亡种。咄咄岛民，将来终为我附庸耳，诞敢辱我如此？有志之士，其以为记念牌哉？此作豪情壮气，蹈厉发扬，大足为我国民生色。殆陈琳之檄，可以愈病者耶。

蒋宰堂先生评

汉寿亭侯印辨

呜呼！关羽之为汉寿亭侯，谁封之哉？曹操封之也。操何以封羽？欲以此笼络羽也。羽岂肯为操所笼络乎？尝考《蜀志·羽传》，羽杀颜良，操知其必去，重加赏赐。羽尽封其所赐，是羽之不受操赐物也，明矣。羽既不受操之物，羽岂独爱操所封而镌印以志惠耶？予因谓此汉寿亭侯印必伪也，好事者为之也。不然，或亦操所赐耳，后人宝之，诚无当于羽之心也。说者曰："汉寿亭侯乃汉所封。汉所封有何不可以为印。"予曰："此时汉帝无权封赏，皆出于操手。况明明操所表封。譬诸主人遇盗，盗请主人之物给客，客喜得主人之物于盗手而用之。有是理乎？"予意羽决不出此也。羽如欲用汉封为印，则用后此昭烈之封可也，焉用此汉寿亭侯为耶？

西湖仙乐处酒家悬有朱印福寿图一轴，印文系"汉寿亭侯"。题跋者称此印现藏照胆台中，查《西湖志》乃南宋浚湖时所得。予意此决非汉物，即使汉物，亦不足宝，因为之辨云。

自记

蔡邕哭董卓论

孟子曰："尽信书，则不如无书。"吾读《汉书·蔡邕传》，至"董卓被诛，邕在王允坐，言之而叹，有动于色"一事，窃未敢遽信也。

夫邕虽为卓所重，然卓之奸凶，邕非不知。观其"始则称疾不就，继则思逃以待"，似未尝不以卓为虑者。既以卓为虑，焉有党卓之事乎？既非党于卓，焉有哭卓之理乎？就使哭卓，卓之死出于王允等谋，亦不应在王允之坐。昔伯升遇害，光武言笑如平常，邕岂未之见闻，而乃为此哭乎？

论者曰："此邕意气之感，悲不自禁耳。"吾谓邕之就卓，畏卓之族人，非感卓之知己也。如感卓之知己，当为知己死，效栾布之哭彭越，径请就诛，何必向王允谢乎？

邕谢王允，虽冀免死以续汉史，要亦可见其未必感卓也，感既未必哭，何有哉？乃《汉书》传其伤叹，色为之动，其信然耶？其传之非其真也。吾闻裴松之言："此殆《汉书》之妄记。"窃以为诚非无见也，非然书可尽信。必当时为王允所诬。何则？王允忌才，尤忌邕之史才。其不论邕之应杀与否，而以邕之讪议为言。是邕即无哭卓之事，亦必不免。而哭卓之事在于王允之坐，焉知非王允冤之耶？

呜呼！文人阿谀，自古蒙羞。扬雄之《剧秦美新》，马融之《西第颂》，洵有罪矣。吾不意邕之一哭，亦成阿附之证，实耶虚耶？后世莫辨，悲夫！

出脱中郎，疑古有识。前云无知己之感，已是创论。至后段证以史才之忌，坐实王允之诬，则更为奇警。然非此精深之笔，亦不足以证成其说也。司徒有知，亦应俯首。

魏仲车先生评

代某氏为夫鸣冤上张中丞书

【上略】伏念氏夫，一乡下士耳。有何能力，顷刻之间，唆嗾数百人？况人各有心，苟非马某闭粜，共怀愤怒，氏夫虽嗾，亦安能言出事随乎？谷缺民饥，无所得食，挺而走险。马某有以自致之，与氏夫何涉？控及氏夫，此氏夫之含冤一也。

氏夫为白升庄董，马某为长福庄董。据邑主照会郑绅某，是长福庄中亦有抢谷之民也。马某不能自行遣散本庄之民，氏夫独能代行遣散各庄之民乎？以己度人，马某当谅氏夫也。乃词称春秋责备，氏夫罪有难辞，诚何心乎？此氏夫之含冤二也。

氏夫奉邑主照会，查追抢谷。家中存谷，是事后追存之谷，非当时抢存之谷也。如系当时抢存之谷，马某近在邻里，耳目易及，旦暮可知。何以初不提及，直待一月之久，始行指控？此氏夫之含冤三也。

氏夫唆嗾乡民，乡民听从氏夫。氏夫陷乡民以抢谷之罪，当为乡民计；即不为乡民计，亦当念事因己起，力图遮盖之方。岂肯遵奉邑主照会，实力追查，骗人送案，授马某以口实，而自发其覆乎？此氏夫之含冤四也。

氏夫读书，颇知自爱，生平从无不法之端。就使与马某有嫌，何至唆人抢谷？就使唆人抢谷，何至明目张胆，毫不隐匿，存谷分谷，均在己家？度理揆情，氏夫纵下愚，尚非病狂，岂有不知祸害若此？此氏夫之含冤五也。

氏夫为首纠抢，如果尽实，罪有应得，氏复何言？氏闻邑主详文略载报纸，一则曰："虽无纠众爬抢情事。"再则曰："罪状实难曲恕。"出入其词，将谁欺乎？夫既无为首纠抢情事，氏夫尚有何罪？而革其衣顶，犹为未足，又拟监禁十年乎？此氏夫之含冤六也。

氏夫分谷，出自某某等供，安知其中决无诈乎？试思氏夫既非为首抢谷，焉用为首分谷？且马某失谷三百余石，某某等供，仅有三十余石由氏夫分散。三百，三十，谷数且大不符，分散之说，更何足据？邑主据为众证确凿，犹恐不足以定氏夫重罪，复加广漠之言，谓众论佥同，如此而氏夫百口难辨也。此氏夫之含冤七也。

氏夫被逮，已两月矣，以文弱书生对狱吏之尊，囹圄之中，何求不得，变产赔谷。正是无可奈何，岂其情愿？兼之此举，由某某等将就调停起见，并非氏夫自认。邑主指为情愿，引为自认，遂下情虚之决。此氏夫之含冤八也。

氏夫有此八含冤，氏敢冒死，求白于大帅之前。总之此案，氏夫经马某邀请，力弗克为马某解散乡民，致令马某家囤一千数百石谷，失去三百余石。诚氏夫柔懦之过，无怪乎马某恨之也。虽然，氏夫权非民牧，马某谊属里邻。现在氏夫身败名裂，荡产倾家，仰有老母而无以事，俯有妻子而无以畜，憔悴狱中，恸哭欲死，琅珰阶下，羞愤难生。马某稍有人心，夫亦可以平其恨矣。何乃控之不已，更复狗苟蝇营，四处运动，冀置氏夫于死地。氏得外面传言，称邑主亦知氏夫之冤，心甚怜之，特以马某暗请某绅嘱托，邑主既重某绅情面，又畏马某健讼，兼虑层宪诘责。积数种原因，不惜将氏夫枉办，藉图结案。冤哉氏夫！非沐宪恩，下逮覆盆，其何日望天乎？【下略】

此光绪三十二年案也。富阳俞生钦为乡民抢谷，被马某扳控下狱。邑令始则褫革其衣顶，继复拟以十年监禁之罪已上详矣。予同学孙君与俞生相识，倩予为俞生计。予本慕侠士风者，且有同病相怜之感，遂为之拟稿，由俞生之妻上书张中丞。张见书感动，立委查办，而俞生得释于狱。俞生幸矣哉！然予与俞生始终未有一面之交也。

自记

书杨恽《报孙会宗书》后

　　吾读《杨恽传》，窃叹有其外祖司马迁之遗风焉。迁遭腐刑，则愤懑见于《报任少卿书》；恽失爵位，则愤怒见于《报孙会宗书》。两书舒愤，词气相同，而恽独罹腰斩之惨。说者谓："迁之书幸而身后始出，不然祸不仅下蚕室已也。恽之书不幸而当时宣布，遂以成狱。否则按验无据，容或可免。"于是有咎会宗者谓："即已爱恽，遗书规恽，不当以恽书见辱，出以杀恽。"噫！此盖未知恽之取祸原因也。

　　吾考恽之为人："性刻害，好发人阴伏，同位有忤己者，必害之。"又以其能高人，史称"由是多怨于朝廷"。夫怨毒之于人甚矣哉。读《史记·伍子胥传》而知王者尚不能行之于臣下，况同列乎？恽多怨于朝廷，无论其《报孙会宗书》为廷尉所得也。就使不为廷尉所得，仇家环伺中伤，岂患无词？日食之咎，犹且归之，何罪不可加也。矧明明上书告恽者，但称恽"骄奢不悔过"，并未及其《报孙会宗书》也。其《报孙会宗书》乃章下按验后所得，并非有先得之而告发者也。

又从何而得《报孙会宗书》，史无明文。吾谓：果系会宗怀怒，手出其书，冀卖友以邀富贵，似应与告恽者同蒙召拜，何以反免官耶？即此以观，人咎会宗，吾为会宗冤矣。

吾度其时，戴长乐辈欲置恽于死地，必有诇察恽者。恽自不密，或会宗不密，书落人之手耳。若谓恽以书报会宗，会宗怒其出之。吾虽不知会宗之心若何，衡情度理，祸人而及己。会宗素号智略之士，当不出此。况恽书中自道失势以来，退居田里，为贾为农，差自消遣，并无谤及国家也。即有一二盛气陵人之语，亦不过讥会宗，辱会宗，朋友之间笔舌相诋，与国家无与焉，与日食更无与焉。何足以当大逆无道之据耶？或曰："南山之诗，隐讪君上，此宣帝所以见而恶之也。"呜呼！执此以定罪案，凡古今之文人学士稍稍有著述者，皆在可杀之例也。

吾尝有言，后人未察宣帝恶之所在，徒以恽书无可指摘，妄援此诗，以附会其取祸之处。殊不晓宣帝所恶者，恶恽之荒淫无度，毫不惶惧，实有如告者之言耳。至廷尉当恽意，必别有诬陷，惜史家不传，无可考证。要非仅为此书也。此书何足以当大逆无道之据耶？

总之，专制之国，生杀予夺，本无公理，锻链周内，若有余辜。恽即无《报孙会宗书》，吾恐仇人满朝，恽终不免，何必断断于《报孙会宗书》哉？虽然吾言如此。吾见尽言招过，国武子见杀于齐；文字兴狱，苏子瞻舍冤于宋。未尝不转一念曰："恽殆以书取祸欤？"加以内返诸躬，往年意气方盛，遇有不平，辄愤激而不能稍忍；迨一纸空言，触人之怒，授人以证，祸发而无以自脱。又未尝不喟然叹曰："人称恽以书取祸，不为无见也。"

嗟嗟！恽果以书取祸耶？抑非以书取祸耶？如以书取祸，恽之书胎于迁之书，恽之祸可谓迁之祸矣。吾愿作书者，鉴于恽而勿为恽之续，吾也将引恽以为戒。

古来以文字兴大狱者，所在而有。惟子幼见杀，原不关《报孙》一书。文能条晰，言之波澜，富有证佐，凿然可为辨诬。末复下转语，借他人之酒杯，浇自己之块垒，忧时怵祸，情见乎词。君知免矣。

魏仲车先生评

得二良友不患四仇敌说

呜呼！遍地棘荆，谁是我友？普天罗网，谁非我仇？我生乱世，一举一动，一颦一笑，皆有人伺我之旁。或妒我，或恶我，或惧我，或欲陷我于囹圄之内，或欲挤我于水火之中，或欲置我于刀锯之上。我心恐，我胆战，我日夜号泣，我自伤孤立。我自父母生我育我以后，我不复再有爱我护我之人。我尝作披发入山之想，我愤不欲在此恶触社会之中。我读太西格言，我因之有感矣。彼其言曰："得二良友，不患四仇敌。"信哉斯言！我中国腐儒，闭门自守，经验全无，祇知理论，不求实际。挟其如豆之瞳，鼓其似簧之舌，反复驳诘。谓"人当自立，岂可有所依赖"；谓"士果自好，何至多怨于人"；谓"借客自傲，讵是君子之德"；甚且咬文嚼字，谓"少数之众，奚能抵抗多数"。我骤闻之，我亦以西人之言理未圆满，诚不足以垂训。及转瞬间，我尝与世相接。世路危险，难以言状。于我凶终隙末者有也；卖我以媚人者有也；幸我之祸，讪笑我愚者有也；见我之难，掉头不顾者有也；乘我之厄，为下石之举者又有也。我顾我身，前后左右，无一非仇，无一非敌。我呼将伯之助而莫我应也。

嗟嗟！得一知己，可以无憾。我之知己安在乎？我非不知男儿不当为人所怜，我非不知男儿不当为人所困。我观古今英雄豪杰，亦有遭时不偶，颠沛流离，受他人之攻击，而不能自免者。卒赖一二故人为之援手，始获脱然无累。我无良友，我多仇敌，可奈何？我乃今日而知西人之言不我欺也。我姑舍理论，我请求实际。孔子取南人之言，孟子取齐人之言，我敢取西人之言，而为之说曰："良友如剑，仇敌如虎。"虎虽猛，剑可当之。剑不在多，虎不必少。仗我双宝剑，杀尽山中虎。剑乎！剑乎！我惟仗汝，毋患猛虎。

满腹牢骚，借此倾吐，是文之以情胜者。

魏仲车先生评

贯高论

　　史载贯高谋弑高祖，事发被逮，白张王不反，赦而死。论者或以暴动偾事罪之，或以缓死全主功之。吾谓皆无当于高也。

　　高盖善窥高祖之心者也。高祖宠爱如意，已非一日。后常欲择一相以辅之，岂有不先谋择一地以处之耶？赵大于代，固高祖之所属意也。苟非属意，张王事白后，应仍归王赵，何以终不免于废耶？废张王后，可王赵者岂曰无人，何以即徙如意为赵王耶？吾观高祖过赵时，张王执子婿，礼甚卑，并未开罪于高祖也。高祖已箕踞慢骂，心目中若甚恶张王也者。设他日隙有可乘，张王能保有此赵耶？高窥及此也，以为高祖既属意于赵，反固亡，不反亦亡。等亡也，毋宁反，事虽不成，心良苦矣。后人不察，辄以高首为乱谋，率赵午等轻举妄动，冀侥幸于一逞，贻张王不测之祸，致不得长有其国，归罪于高。曾亦思高祖之于张王子婿之情，与太子何如？为如意故，太子且欲废之，何有于张王？张王失国，谓高致之，吾代高冤矣。

至高不遽死，史称其自言白张王不反耳。夫张王不反，果可以白，则孟舒、田叔等皆优为之，何待于高？高之为此言，有贪功之心存也。何则？高祖之逮捕张王，原不过借此逆案，内以塞吕后之口，外以掩群臣之目。夺赵国以王如意，为将来废立之地，初非真欲死张王也。高窥知之，恐孟、田等居其功，而千秋万世莫知高祖之隐，仅知孟、田等之出张王，而反咎高之陷张王。高故怒骂自到之徒，以自表其为张王白。

呜呼！张王之白不白，岂高之空言所能预决耶？吾尝设一想，万一廷尉不以高之辞闻，泄公不以高之实报，而有高之怨家处其间，媒孽之，中伤之，高其何由为张王白耶？吾故曰："高祖本无死张王之心，高实有贪功之心存焉。"

若夫高祖赦高，高仍仰绝亢死。人谓高死知所处，吾未之信也。执"主辱臣死"之义以绳高，当死于高祖慢易之时，不当死于高祖赦之之日。人又谓高有战国侠士之风，反颜事仇。孟、田等之所为，高所耻也。况高与赵午等同谋，岂忍赵午等独死，特赵午等慷慨赴死，而高则从容就义耳。比之程婴、杵臼之事，高盖如婴之为其难者。此说也，似矣，仍未得其当也。

然则高究何为而死耶？吾知之矣。当天下初定，高祖之猜忌残忍，于杀丁公事已微露端倪。高有心人，讵不见及？试思功如韩、彭，异日尚且菹醢，不获沐宽大之恩。逆如贯高，何恃于汉，可幸邀一时之赦耳。兼之高系张耳旧客，始谋篡弑，非附从比，尤中高祖之忌。高祖赦高，岂真赦耶？殆欲借高以励后之辅如意者，而加高以他罪，未可知也。高自分难逃，与其后日死，死无名，不若今日死，死为得矣。要之高始终善窥高祖之心者也。不然，何必反，何必不死，何必死？

撇却常论，独抒己见，写得贯高之反与不死及死，均非无故。具见识解过人，笔亦老当。

论陈平纵反间于楚

陈平请捐金间楚君臣,汉王从之。范增果去,楚遂以败。人皆以功归陈平,吾独谓陈平此谋,亦幸而中耳。

假令楚围荥阳,使不至汉。平虽欲间之,亦何从而间之?又令项王诸臣,有知其谋者,万一为项王言曰:"此反间也,大王诚毋信。"项王决不疑增。陈平虽捐多金,亦何益哉?况项王为人,平谓其意忌信谗,正有未必然者。当鸿门宴时,宜为项王忌者,天下祇一沛公耳。有曹毋伤先入言之,有范增举玦示之,有项庄舞剑动之,而项王终不杀沛公。此其意无所忌,谗不见信也,明矣。然则项王何为而疑增,增何为而辞项?曰:是必陈平未行间之前,项王与范增先有自相疑惧之端。陈平适乘其隙,故得遂其谋耳。不然,项王于沛公,何以人屡间之而终释之;于范增,何以人一间之而即疑之,岂沛公幸而范增不幸耶?要之项王非能用人者也,就使无陈平行间,范增终不得安。吾故曰:"陈平之谋,幸而中耳,然而其谋亦毒矣。"

笔有断制。

陈无邪先生评

砭顽篇

亚东大陆，有怪物焉。不兽不禽，腼然人面。四肢具而无气骨，五官备而无感觉。燃眉不知急也，剥肤不知痛也，噬脐不知危也。开门揖盗，认贼作父。慑伏于专制政体之下，任人奴隶之，牛马之，鞭挞之，囹圄之，菹醢之，而终不一悟。噫！此非所谓顽耶？吾因之有感矣。

欧风美雨，相逼而来。急起直追，犹虞不胜。乃顽固不化者，动辄厌事改革，逞其权势，以相反对。朝拜一疏，冀仍旧有之痼习；夕奏一折，希催新发之萌芽。在上者如此，在下者援为口实。甚至乡里之间，兴一学则有极力阻挠者焉，开一会则有指为结党者焉。冲突万端，迄难禁止。此吾之所太息于顽固者一也。

世界人类，无不同种相亲，同胞相恤。乃顽劣无行者，祇知富贵利禄，不如蝼蚁之尚有社会也。披郑侠《流民图》，而视如无睹；读《扬州十日记》，而置若罔闻。甚且朘削脂膏，以亿万家之性命为献媚品物，上寿于权要之门。甚且捕捉风影，以一二人之病狂为博宠机缘，波及于无辜之士。残害同类，不顾齿寒。此吾之所痛恨于顽劣者二也。

服从法律，为人生第二生命。乃顽梗不驯者，罔知自爱。一遇外人之刺戟，有司之迫胁，即愤不能平。啸聚呼群，悍然暴动。持械而械不精，揭杆而杆不利；今日闹某教堂，明日束手被逮矣；今日哄某县署，明日骈首就戮矣。下至为盗为匪，大率类是。呜呼！桁杨刀锯，轻于尝试。此吾之所悯惜于顽梗者三也。

文明国体，最重人格。乃顽钝无耻者，奴颜婢膝，摇尾乞怜。甚而足可香也，甚而须可拂也；甚而犬可学嗥也，甚而妾可割爱也；甚而异姓也可认为父子，甚而内竖也可结为师徒，甚而外人也可奉为尊亲。极人间最龌龊、最污贱之剧，不难自若辈演之。丑不识羞，犹鸣得意。此吾之所鄙薄于顽钝者四也。

有此四感，吾于是朝夜思之，求有术以砭之而久不可得。适有有力者为之筹数百万金钱，于怪物中，选举数辈，派赴海外，考察政治，求学学术。吾闻之喜曰："此或可以治其顽，愈其顽也。"无如数年以来，考察而回者，其顽如故也；求学而回者，其顽如故也。功名印其脑筋，金银锢其胸腹。顽深矣，可奈何？

嗟嗟怪物，人夺之土地而不怒，吾不识其神经何若；人施之棰楚而不苦，吾不识其觉官何若；人辱之犬马而不羞，吾不识其心肝何若。冥顽不灵，一至于此。虽有良医，无能为役。吾将听其自毙乎？抑作子路请祷乎？吾恨不能解剖之以洗其肠胃，吾惟于无可砭之中，尽吾砭之之心。大声疾呼：

从教育入手，保护其脑灵，开通其智识，陶冶其德性。静俟之十年、二十年后，或者可免顽夫之诮乎？吾日望之矣。

　　沉着透快，痛心刺骨之言，是其识力胆量过人处。读竟，呼咄咄怪事。

魏仲车先生评

曾文正《圣哲画像记》书后

一代之伟人，成一代之伟业者，无非根据于学问而已。吾读《圣哲画像记》，而知曾文正之好学也。道德学则文、周、孔、孟，史学则班、马、邱明，政治则葛、陆、范、马，理学则周、程、朱、张，至于文学词章则韩、柳、欧、苏、曾、李、杜、苏、黄，考据则许、郑、杜、马、顾、秦、姚、王。尚友古人，能如是，是亦足矣。然吾犹有所未解者。

古来圣哲，亦云多矣。纵不能尽取之以为吾模范，要当有一定之宗旨。乃观公所取，无论遗漏，且甚驳杂。如列不伦不类之庄周于其间，是何意耶？夫既列庄，则老聃、列御寇，皆庄之流亚也，何尽遗之？或曰："取庄之文也。"夫既取文，则王半山之文，曾有谓千古不可无此人者。公取韩、柳诸家，而不及王半山，是取文之说未尽然也。

至论遗漏。孟、荀并称，荀不与焉。荀言性恶，与孟水火，公岂以性恶之说为不然乎？

陈寿良史，与马、班并驾齐驱，寿不录焉。寿著《三国志》，归正统于魏，公岂以魏不得为正统乎？

政治之家，首推伊、吕，次称管、葛，葛尝以管自比矣。公不取伊、吕，并不取管，而独取葛。且葛之后，祇及陆与范、马，而其他概付缺如。岂除葛、陆、范、马外，皆不足为政治上之代表者乎？

又性理之学，举四子而遗陆象山及王阳明。夫王、陆之非，昆山顾氏，固尝辨之。然性理空疏，不止王、陆然也，公何遗王、陆而取四子乎？

考据之学，杜君卿、马端临、郑渔仲三人并著，公举杜、马而舍渔仲。岂以渔仲《通志》，祇详理论，而无裨于实际乎？

至本朝先正，弃黄梨洲、王船山、张煌言，而举顾炎武。顾谓："天下之事，匹夫有责。"发明国民之义务，洵公之所崇拜也。然王之遗书，为公所发刊。似王亦公所心服者，而与黄及张，均不与此列。岂以种族主义，有触忌讳乎？

又秦、王二子，无足重轻，公何所取而取之。至桐城姚氏，渊源于方。公不举方而举姚，岂以姚为公师而私之乎？此皆吾所未解者也。

总之《圣哲画像记》，弃取之间，诚不免于驳杂，而多所遗漏。然公生平得力之处，胥在于此。试即公之立身行事，建大功于一世者观之，可知经济皆由学问来焉。若夫记中所言："后嗣有志读书，取足于此。"此言也，在公则得矣。公之后嗣，犹未可也。何则？时势有变迁，学派有新旧。进步无已，安得以此为限足耶？虽然，今之西学盛兴，在公时代，所料不到此者。况西学兴而国学将亡，是又不得不有公其人者，作国学保存之想焉。

　　曾公此记，富阳夏涤安著《悔言》，常讥之。谓其列入庄子，援道入儒，学术极杂。且侪李、杜、苏、黄诸文士于文、周、孔、孟之后，大为不伦。盖其宗旨，全重词章，故文士居其多数。又秦、王二子，无足重轻，乃亦与于此列，尤非天下之公言。作者颇合此旨，批却《道窍》，奏刀騞然，允为识学兼到。

　　　　　　　　　　　　　　　　　　蒋宰堂先生评

张纲埋车轮于洛阳都亭论

吾读《后汉书·张纲传》，至纲埋车轮一事，窃有以窥纲之心焉。纲之言曰："豺狼当道，安问狐狸。"似专以朝奸为虑者，而不知盗贼亦可忧也。自来天下大乱，先起于闾阎不逞之徒。陈涉、吴广，其前车矣，纲岂未之闻耶？况纲欲劾梁冀，冀之罪恶，传播已非一日，何必待帝遣使时而始行劾之耶？设帝无此举，或纲不在使之列，纲其终于不劾耶？且欲劾梁冀，则劾之耳，于之部无伤也。即不之部，悬车可也，还辕可也，更何必埋车轮耶？纲埋车轮，甚无谓也，又不特无谓。洛阳都亭，近在辇毂之下。万一事闻帝怒，责纲以抗违帝命，罪在不赦，纲不几先自陷耶？然则纲何为而若此？吾知之矣。

当是时，八使之中，纲年最少，官次又最微。纲随人后，意必有所鞅鞅。故借此车轮，埋于都亭，为沽名邀誉之地，既表异于七人，又藉口于梁冀。纲之计亦云狡矣。非然者。纲果虑冀，埋车轮以示不之部，当必去冀而后已。何必一书弹劾，冀尚无恙，纲得直名，不复再劾耶？

　　吾因谓纲之劾冀，所以掩其埋轮抗命之罪也。纲之埋轮，所以示不与七人同也。至豺狼狐狸之喻，虽似正本清源，而要系纲之大言欺人耳。

　　揭破张纲之心，确有见地。

孙伯埙先生评

进化为天演公例，自秦汉以至今日所谓进化者何在？

今试问于人，曰："今日之中国，进化欤？退化欤？"莫不应之曰："进化。"又试问于人，曰："今日之进化，在政界欤？在学界欤？"莫不应之曰："政界、学界，并皆进化。"噫！何诬耶？我思之，我思之，我敢断之曰："秦、汉以前，中国大有进化。秦、汉以后，中国进化已稍稍减却。至于今日，表面虽似进化，内容实未进化。"

何言乎秦、汉前之大有进化也？穴居野处变而宫室，是进化也；茹毛饮血变而火食，是进化也；披发裸身变而衣冠，是进化也；酋长之世变而君主，结绳之政变而文字，是进化也。他若炎帝兴农事，定市时；黄帝作舟楫，通航路；西陵教民育蚕；夏禹治平水土；以及尧、舜、汤、文、周、孔诸圣人，或传治术，或传道德，无一不可以进化许之。

至秦、汉以后，虽不及上古之进化，尚有数端足多者。始秦之筑长城，防胡虏，御外之进化也；商君之治秦，植民政策之进化也；郑国西门豹之治水，兴水利之进化也；申、韩之刑法，防奸弊之进化也；庄、列之文词，思想之进化也；苏秦、张仪、公孙衍之游说，雄辩学之进化也；陈涉之发难，汉高之亡秦，民权之进化也；孙武、韩信之用兵，军政之进化也；迁、固之作史，史学之进化也；班超、张骞之出使，交通之进化也；汉武之臣服匈奴，战胜外族之进化也；贾、董之上策，经济学之进化也；仓公之治病，医学之进化也；卜式之牧羊，畜牧之进化也；宏羊之心算，算术之进化也；孔明之木牛流马，制造之进化也；曹冲之刻舟秤象，发明比重，物理学之进化也。

降而及于唐、宋、有明。定租庸调法，税务之进化也；立府兵，兵制之进化也；张公艺九世同居，家族团体之进化也；李世绩征服延陀，扩张领土之进化也；狄仁杰焚毁滛祠，破除迷信之进化也；薛仁贵三箭定天山，射击术之进化也；郭子仪单骑见回纥，外交手段之进化也；范仲淹腹中具数万甲兵，战术学之进化也。次如韩、柳、欧、苏，则为文章进化；李白、杜甫则为诗赋进化；周、程、张、朱及王阳明则为理学进化；刘晏理财，则为财政进化；陈、彭长寿，则为卫生进化；公权笔谏，则为心理学进化；虞允文霹雳败虏，则为火器进化；常遇春采石破元，则为水军进化；明太祖扫荡膻腥，光复汉土，则为复仇主义进化。明亡之日，守节殉难者，不恃缙绅之家、朝命之士，即下至贩夫乞子，儿童走卒，亦多仰药割刃以死，则为人群节义进化。推而求之，吴道子名将之图，则为图绘学进化；郭橐驼种树之说，则为种植学进化；梁夫人击鼓助战，秦良玉率师拒贼，则为妇女中尚武进化。进化之端，悉数之，更仆难终。虽曰："秦、汉以后，不及秦、汉以前。"要亦足为中国之光也。

若夫今日，何者为进化耶？以言政界，事事受制于外人，事事受缚我国民。甚且因外人以虐我国民，甚且欺国民以媚彼外人。曾谓进化国而政治如是耶？或曰："今之设学堂、开商会、开矿产、练兵备、造铁路、辩办政，以及设调查局、咨议局等，预备立宪，夫非进化也乎？"曰："形式固进化也，精神未振。风潮迭起，我不知将来效果何若也。"

至言学界，海通以来，我中国学术不能征服欧美，使欧美归化如后魏染我华俗；而反为欧美降虏，日从事于欧美之文字语言，伤心哉！黄帝子孙，无以独立。欲交欧美，依欧美，不得不学欧美而反弃国学，致国学有不绝如线之忧，此正学界之耻也。而犹诩诩焉以此为学之进化，何异倾家荡产之子，亡其祖先之业，而奴隶于人；手握人之金，身服人之衣，而自夸豪富乎？

呜呼！天演公例，有物竞然后有优劣，有优劣然后有胜败，有胜败然后有进化。中国今日，四面强敌，正竞争时代也。而政界、学界，所谓进化者如此。读"前不见古人，后不见来者"之诗，我不禁怆然涕下矣。

诸卷多痛哭流涕，长叹息之词，为之憔悴不乐。伤禽恶弦声，倦客恶离声。谁无祖国之情者？怀我先民沉睡二千年，末由进步伤今吊古，无数泪落西风前矣。此作文笔，踔厉风发，独为翻案。援据历史，以明种种进化，遂觉壁垒一新，旌旗变色。自誉自嘲，亦可差强人意。因知读《九怀》《九思》诸作，不如一曲《反离骚》。

蒋宰堂先生评

增中丞农工研究会训词

　　浙江乃东南财富之区，为谈历史者所艳称。如杭、嘉、湖之丝茶，宁、绍、温、台之海产物，金、衢、严、处之材木靛漆，天产饶沃，记载綦详。又如绣工织品、雕刻酿造诸美术，各府县属亦罔不各有专长，驰名中外。

　　本部院幸奉简命，来莅是邦，方欣得亲其盛，籍资博览。不谓履任以来，财政困难，百废莫举。悉心考察，地利则有未尽开垦也，种植则有未尽讲求也，制造则有未尽发达也。农业工艺，缺点良多，甚至市肆陈列，日常需用之品，洋货居十之六七。民间生计艰难，尤僬焉不可终日。揆诸所见，迥异所闻，岂今昔生产之不同耶？抑传闻之非其实耶？夫亦上失提倡，而下无观感者耳。循此以往，浙江天然之产，人为之品，将着着愈形退步，而日趋于劣败之列。

　　本部院心滋忧焉，因念整顿一切，非从实业入手不为功。而实业之利权，莫大于农工。尝考西史，华盛顿则以农业为百业中所最贵重，希腊人则以工艺为文明之精华。即如我国，上古以神农名帝，中古以共工名官，似亦无不注重农工者。况夫浙江，农省也，又工作物原料产出之省也，故先设立"农工研究会"。研究会者，兴办实业之基础也。凡在会员，于关于农工上之事宜，均当随时随地确切调查，研究其若何而可以改良，若何而可以进步。务使将来野无旷土，市无游民。于浙江固有之利益，则保存之；于浙江已失之利益，则挽回之；并于浙江未有之利益，则进取之。以符财富之区之名之实。此本部院所厚望焉。

戊申之秋，予荷农工商矿局总办。汤味梅观察照请担任农工研究会书记之责，组织一切。研究会第一次开会，增中丞莅会。先一日，面谕汤观察，命予拟训词，此文是也。现已见刊于《农工杂志》及《浙江教育官报》中。

自记

《史记·管晏列传》书后

予读《管晏列传》毕，掩卷思之，窃多所未解焉。

夫以管子之才，何遽不若范蠡。范蠡居家三徙，而三致千金。而管子贫困，无以自存，岂管子谋生不逮范蠡也？抑通货积财，管子他日优于富国，而当时拙于治家耶？此予之所未解一也。

或曰："英雄多出于贫贱。韩信、陈平之微，时子独未之见耶。"予曰："是大不然。"信不能治生为商贾，平不事事，此其所以贫也。若管子则固常与鲍叔贾也，贾而仍贫，此予之所未解二也。

管子知己莫鲍叔，若鲍叔既知管子贫，则当垂怜故人，作鲁肃指困之雅，高汉王推解之风。乃不闻鲍叔轻财好施，稍分余润于管子，而管子反欺鲍叔分财多自与，此予之所未解三也。

若夫晏子身为齐相，知越石父贤，果有祁大夫救叔向之心，乘驵而言之，于君当无不出之理，是何必解骖以赎耶？

况越石父之罪而重，一骖之价值几何，岂即可赎？越石父之罪而轻，得宰相为言已足，焉用骖为？此予之所未解四也。

至其御，一小人耳，因妻求去而能自抑损，突然变其常度。为晏子者知之，嘉其妻之谏夫可也，赏其御之改过可也，免之役而处于相当之地优待之可也，何即荐以为大夫耶？大夫之任大矣，以偶一改行而遽委以大任，吾恐为晏子御者将随风靡矣。汉张释之谏拜啬夫，不为无见。晏子何其贸贸然耶？此予之所未解五也。

且也，在己之御，大夫之官不烦载贽；而在国之贤，缧绁之免必待骖赎。市恩于越石夫耶？示有权于其御耶？相提并论，待贤如出两人。此予之所未解六也。

有此六未解。予于《管晏列传》，取其文而不求其事实。而后之读者动谓："太史公遭李陵祸，贫无以赎交，游莫为一言。管子有鲍叔之知，晏子有赎贤荐贤，二事援以自伤，寓意甚远。"噫！此真腐儒之见，附会之谈耳！试问太史公一部《史记》，何尝专借他人之酒杯，浇自己之块垒耶？予尝曰："太史公之传管、晏，不过以管、晏二人皆齐之贤大夫。桓公以霸，景公以显，功业在人，为《史记》中所不可不传之人。而又以管、晏之书，世多有之，是以不论，论其轶事。"既曰轶事，则闻之何人，出何典记，已属无可考证。张照有言："伯夷、管晏列传，全以议论行文。"予今而益信西山采薇之说，刘敞常辩其非。则管子于鲍叔之交，晏子于越石父之赎、其御之荐，或者亦有未尽实耶？

善读书者，不尽信书。即如《管晏列传》中详载轶事，似乎史公引以自伤，其实避熟就生，藉以为行文波澜耳，未必有寓意也。文依此立言，见得轶事之不尽可信。逐条辩正，引证确凿，此才未可以绳尺计也。

魏仲车先生评

春 兴

里妇村姑淡淡妆，东西约伴趁春光。
载言载笑扶肩去，好到尼庵答愿香。

何物少年惯踏春，罗衣初试柳芽新。
身骑骏马扬鞭去，看杀晚妆楼上人。

题出塞图

绝世红颜靳画钱，一朝远嫁古今怜。
琵琶马上将谁怨，合悔当初自恃妍。

今日汉宫明日胡，君王重信恨徒呼。
和亲祸自齐人首，何用穷追丑画图。

玉关此去亦君恩，博得艳名万古存。
马上何须嗟薄命，汉家公主尚乌孙。

题马嵬驿

六军不发势仓皇，割爱非关庙算长。
假使当年无郭李，江山仍并美人亡。

题烟雨楼

瘴烟蛮雨遍神州，何处登临可少留。
我是仲宣归未得，南湖四望不胜愁。

春季旅行来此楼，欣逢宿雨恰才收。
绿波四面都如画，怪道圣明两度游。

在常山为劝酒所苦，口咏一绝谢之

人无酒德好贪杯，见诮钱塘袁子才。
我是伯伦门外客，诸君且莫满斟来。

自衢州回杭赠舟中雏妓

兰花女子可人怜，我爱莲花兰改莲。
但愿顾名能晓意，淤泥不染待良缘。

渔 翁

得鱼漫把柳条穿，携去市城不买钱。
衹向青旗换美酒，归来醉卧夕阳天。

闺 女

日高犹自睡香房，懒慢平时习若常。
欲赴邻家姑姊约，今朝早起唤梳妆。

游西湖

桃红柳绿水漫漫，搜索囊钱买木兰。
分付船家快荡去，好花莫后别人看。

碧柳成阴石路平，扬鞭飞走向前程。
马儿也解游人意，每到花间缓缓行。

西湖竹枝词

桃花门巷是侬家，戏折花枝插鬓斜。
差被郎君评脸色，佯将小扇半边遮。

西泠桥畔柳条垂，系住兰桡好就递。
妾坐轿儿郎坐马，郎须慢慢妾相随。

二月杏花湖上开，女郎折得笑盈腮。
抬头猛见丝鞭近，躲向阿娘背后来。

沿堤游女果如云，三寸弓鞋百裥裙。
也是略知豪杰恨，行来齐拜鄂王坟。

阿侬生性爱西湖，半上孤山力已无。
转恨双翘太瘦损，再行只恐要郎扶。

闺 怨

郎来月已低，郎醉竟如泥。
待得郎醒也，郎去鸡方啼。

清平乐

此生潦倒，儒冠误我老。卅年读书读未了，尽被儿辈讪笑。
同学今多不贱，祇予青坛坐厌；羽铩名场几回，一把穷途阮泪。

转应曲

浙路借款事起，人人主张力拒死争。兼有狂奴妄称，路事如不可挽则我浙独立。及借约成，乃皆噤若寒蝉。予因此讽之。

浙竟无人，那得钱镠复生。力拒言犹在耳，死争说本违心。违心、违心，使我涕泪沾襟。

同学堵君，戏将胡君之帽藏之刘君帽中，仍安案上。胡君寻之不获，予咏此以示之

灯下寻帽子，帽子何处去。
祇在帽子中，寻者不知处。

题飞霞洞卧树

木干之性，无不向上。而此树横卧，意必当年经大风雨压折而然，无足怪也。土人以树之横卧为刘根仙迹，何其谬耶？

倚日摩天梁栋材，一朝宫殿一朝灰。

何如拥肿与拳曲，长卧山中莫取裁。

不材永久保天年，何物狂奴假托仙。[1]

[1]后汉刘根，虽方术士，然隐居嵩山，《传》中并无在瓯之事。

哄得一般愚妇女，朝朝祈祷树根前。[2]

[2]相传树有神灵，病家祈祷，无日无之。

潦倒想来等我身，风吹雨打屈难伸。

前人胡说树能卧，忙杀后人题咏频。

游江心寺用刘君冠三原韵

谁说杭州抛未能，来瓯游兴我偏增。

斜阳醉酒随名士，^①古寺烹茶倩老僧。

①是日，黄君仲筌作东道主，宴于寺中。

倦向谢公亭畔憩，悲教文相祠前兴。

从今漫把西湖视，每到闲时认石藤。

又用黄君仲筌原韵

日暖风和游兴饶，江心寺畔去停桡。
登楼肠断瓯人涣，①把钓眼看欧种骄。②

①有洋楼两座，向为英领事所建。现该领事返国，闻欲
售之瓯人，价仅万金。而瓯人莫肯合资过问，惜哉！

②寺前有洋人垂钓，不许泊舟。

烈气卓公祠莫拜，忠魂文相赋谁招。
我今欲借钱镠弩，衹射夷氛不射潮。

又调寄长相思

我温州，卿杭州，两地相思何日休，待到花开榴。

闲里愁，忙里愁，愁杀闰年绊客游，多留一月瓯。

再题卧树

一株酣卧洞中天，不管沧桑几变迁。
但与帝邦同老大，任人题咏自年年。

卧龙原有起来期，此树婆娑无起时。
恨杀同胞四万万，千年沉睡类如斯。

隔江文相志成灰，岩上谢公去不回。
惟有楼前树尚在，年年岁岁笑人来。

无 题

不作帐中卧听郗，便便边腹滥充师。
青衫浔水人同感，红泪荆山世莫知。
守约祇斟陶侃酒，忘忧暂数士言棋。
客中岁月浑难过，归去而今未有期。

无　题

冰于问涂深意含，久居黍谷孰能堪。

相知河海惟君一，^①自序文章有我三。^②

①指宗兄逸云孝廉。

②前有《述志》文，诸暨孝廉蒋宰堂先生见之。以为与刘孝标、汪容甫自序合之而三。

　　壮志都从穷里减，隐愁难向客中谈。

　　黄金土价无人买，岂独伤心郑所南。

坐而言。不应，隐几而卧。
客不悦曰

无礼于大贤之前，不禁有后言矣。

夫坐而与言，是留行者之无礼也。迨孟子不应而卧，客能无不悦而言乎？

今使人慎尔出话，谨尔威仪，其不敢以率尔之言陈于前，又何至以怫然之言谢于后哉？

乃前席陈词，未得高贤之意；而同堂假寐，若违谒者之情。

强聒者非不入耳乎？胡为乎失礼于先者，又欲发言于继耶？如欲为王留行，殆欲以片语维絷。

以悦孟子意乎？然则客固欣然来也，乃不谓其坐而言也。

既不属平素之交，亦何敢邃尔直前，妄伸款洽，而留行者则竟坐焉？谓与其多事于风尘，何如即墨停骖，以展壮行之愿，当亦齐人所悦也。而哓哓不已，早在琴瑟书策之旁。又不奉大君之命，亦何必贸然来谒，漫为拘维，而留行者竟坐言也。谓昔既有怀于利见，则临淄税驾，以成反手之功，当亦齐王所悦也。而剌剌不休，代赋适馆授餐之句。

维时孟子何如哉？

班荆相对，古人之交谊常存，兹正无需此雅意矣。但以尔自殷殷，吾自落落者，示旁若无人之概，而言者当亦缄口无词矣。割席以居，后人之清流自命，兹亦不事此绝交矣。但以曲肱而枕，掩耳不闻，示不欲与语之情，而坐者当亦赧颜思起矣。

不应，隐几而卧，孟子漠然而客则不悦甚，不禁又有言矣。

想其陈仰慕之情，以挽贤人之驾，方且谓分庭抗礼，深堪必矣，而岂料其如是欤？将安坐其前者，对此淡漠之襟怀，不禁得意而形拂意，能无发不平之鸣？抑致绸缪之意，以邀君子之车，方且谓促膝论心，良可望也，而岂知其如此欤？将高坐其旁者，睹此倨傲之情状，不禁快心而成违心，能无抒交责之语？

噫！劝驾岂曰无情，而出于私心，空谈何补？相拒未尝无意，而返而愧悔，曷禁决词？

进观其言，不且与坐言时大异乎？而客亦何事多言乎？

反正陪衬，机圆局紧，朗润清华，饶有文情。

君子未有不如此

理有宜如此者，可为君子实核之矣。

夫本身徵民诸端，君子固必如此也。如曰不然，不可断以未有乎？

且人主乘乾出治，所以合人己远近，而必求其如是，何尝敢有一端之或疏哉！

盖基于黼座者，念念在所纠虔；而布诸寰区者，历历深其体验。

如谓主治可以稍疏，亦未即古今道之必纯必备，而统观兢惕之全神也。

吾诵《振鹭》之诗，懔于夙夜，而知君子三重之道。其本诸身如此，徵诸民如此，考诸三王、建诸天地如此，质诸鬼神、俟诸圣人如此。然后知建极敷极，人己同原，而圣帝明王，阴阳造化，前古后今，无一不当如此也。苟一不纯非君子，一不备非君子。

君子劼毖之功，严以于幽独，初无权势之足恃，惟此足立于两间；君子推暨之学，极于迩遐，更无智术之可欺，惟此无惭于斯世。

然则君子之为君子，舍此末由也。

而或有谓可不如此者。

英君自恃聪明，喜功好大之念胜，谓可以不如此也，则其心已纵；世主偶耽逸乐，因循粉饰之念乘，谓可以不如此也，则其术已疏。

不知事非堪幸致，必一一无愧于皇躬，淑身惟此，淑世惟此，如曰不如此也，必其非君子也；治未可外求，必息息无间于主术，可久惟此，可大惟此，如谓不如此也，必非君子而乃有也。

开创之世有君子焉，以此为肇造；守成之世有君子焉，以此为式循。人以不如此疑君子，则断乎其未有。千古以上有君子焉，以此为仪型；千古以下有君子焉，以此为绍述。人以君子为不必如此，则洵乎其未有。

不如此，则是非之论乖，虽欲不如此而不得；不如此，则向背之机窒，虽欲不如此而不能。

彼世之浅以测君子，虚以拟君子者，皆无当于君子者也。君子未有不如此。

挑剔松灵，气机活泼，与下文有翻弓背射之势而不漏。

禹闻善言

继闻过而言闻善，可以观夏王矣。

夫言而曰善，闻之者必有益矣。好善如禹，不可观其闻乎？

尝思有诸己之为谓善，似善有存于心者矣，岂第得之于闻为足多哉？

不知善之理虽自内出，而善之端必自外入。当其娓娓而陈，觉未与心谋者先与耳谋。不禁于孜孜不倦之圣，可验其自外而入，听德惟聪已。

如子路喜人告过，殆以告者之言为善乎？然有进于子路者，则不必言过也。

试念夫善，试念夫善言。

善之本于生初也，无端倪之可指，而形之于言，则虚也而实之矣。纷纭蕃变之中，矢口出话者多，谁其为金玉之音，而忽聆于祗台之主？善之散于群情也，惟旨趣之独存，而著之于言，则隐也而宣之矣。日用行习之地，孔彰可绩者少，谁其申谏诚之意，而得至于无间之君？

然而莫谓无善言也，则试由子路而更验夫禹。

夫禹也设铎以招，悬鼗以待，当善言未至之先，已早开夫言路，则虚衷以听，何患善之不接踵而来？抑禹也寤寐以思，旦夕以念，即善言既陈之后，犹不忘夫善人，则迪吉为怀，自觉善之尽心以告。

爰有善言，禹盖愿闻也久矣，今何幸而闻之耶。

使其闻而在宅揆时也，将切畴咨、熙帝载，不可无善政也。然善政必由善言，虽六府三事，非无陈谟，而善无尽者，言岂能尽，安得谓无烦此善言也，而禹则自闻之矣。使其闻而在受命后也，将治万姓、处群臣，不可无善教也。然善教必本善言，虽戒怠惩荒，已有常典，而言无穷者，善亦无穷，安得谓无须是善言也，而闻可观于禹矣。

是故闻之而在朝也，几康是敕，襄赞是勤，不仅益赞皋谟之必录；闻之而在野也，四载宣劳，八年底绩，不仅刍荛葑菲之不遗。

惟德可以动天，孰不闻此言哉？乃人闻此言，一如未闻，而禹独闻之，而乌得忘情于禹？修身兼以思永，畴不闻斯言哉？乃众闻斯言，一如无闻，而禹竟闻之，而何不效法于禹？

禹不徒有是闻也，禹盖深服是闻也。故拜之云：不视子路进乎，况更有大焉者。

层次井然，确是四字题作法。神清骨秀。

如伋去

大贤之于去，若已计之熟矣。夫子思自有不可去者在也。

而姑如或之问以言去，亦知其计之熟乎？若曰伋之委贽于卫也，而适值封疆之有事，不去之志已自决矣，亦何敢轻言引去哉？

然去有可去之时，亦有当去之地。不谓局外闲观，若不问其可去，不筹其当去，而谓处患难之中，何如作远避之计？钲鼓频闻，而驰驱言迈，夫亦未谅当局之心思，固早踌躇而审量尔。

子以去讽谓伋，子殆谓儒者之持身见几为尚，达人之遇事远引为高，因有去之说乎？亦思伋之居卫，果可去也乎？

当强邻之压境，非可托为不知，彼草野之民，或有望烽火而隐遁者，而非所论于伋也；值敌军之临城，岂敢漫言镇定，彼胶庠之士，或有负囊笈而徙迁者，而岂所论于伋也。

不谓子之以去讽伋也，谓伋曷为居此危地而不去也，是子之为伋谋也，固非不善；而不知伋果可以去自全也，则伋早已适彼乐郊而久去矣，是子之为伋计也，亦觉已迟。

子试思之，伋果可去乎哉？

如其有可援保身之哲，为伋原者则去也，子之愿亦伋之愿也。第念适卫以来，其荣伋以爵，养伋以禄者，伋也自问有年矣。今以四郊多垒，飘然而远去也，伋何以无愧为伋？如其有可存远害之心，为伋恕者则去也，伋之幸非特伋之幸也。第念在卫已久，其委伋以国是，拔伋于俦人者，伋也匪伊朝夕矣。今以四境多艰，脱然而归去也，伋第知自顾为伋。

将以不去沽流俗之誉乎？此游侠之矜夸，而伋则无是情也。饮食于斯，即眷恋于斯。盖以子之所以告伋者，伋已几费衡量矣。抑以不去愧畏葸之流乎？此烈士之风节，而伋则同斯意也。倚赖于此，即流连于此。盖以子之所以示伋者，伋已几经忖度矣。

夫临变而归，他人何尝不得，惟伋直不得耳，而如欲效伯玉之出关，是第子之为伋谋乎？抑知难而退，在子讵必不宜，惟伋有不宜耳，而如欲避淇泉而税驾，亦何知伋之与子异乎？

君谁与守？子亦当知伋之无可去矣。

虚与委蛇，四面衬托，方合三字题。作法着不得一毫粗蠢死句。

让以得之

终即让，以验圣德，闻政固由于得也。

夫让以接物，所以济乎温良恭俭也；惟德足感人，子之闻政非由于得乎？

尝思君子退让以明礼，天下惟有礼者人恒敬之，而无不欲取怀以相予也。

盖卑以自牧，光辉益著于形容；斯见而相孚，事理更何所隐讳？

于以叹撝谦为德之终，而共愿以国是折衷。其无往不悉委曲者，固非出于勉然，而出于不期然而然焉。

如夫子，既温良恭俭矣。夫温良者德之和，恭俭者德之节，非德之得于心者不能有是容也。夫子岂有意于得闻国政乎？

然夫子之德容犹不止此，盍更观其让？

让由于乐易之素昭，以夫子麟凤之姿，山海之量，何所庸其让者？然而温良其本性，视当躬无可矜之才智，则让根于和厚，让亦见于质直，夫何处不让焉？让由于敛抑之凤懔，以夫子知为生知，行为安行，更何所守乎让者？然而恭俭其中怀，视一己无可伐之功能，则让以庄敬而来，让亦以节制而著，夫何在不让焉？

让以接人，不与温良恭俭同为德之盛乎？

如是而子之必闻可思矣，如是而子之必闻可知矣。

且夫让为礼之实，让更为德之至，固较温良为易见，亦视恭俭为易知，而实以温良恭俭相资而益深者也。

惟有此让，而不亢不傲，望之益彰和易之容；惟有此让，而不伐不矜，视之愈昭纯粹之性。

由是而一睹颜色，皆愿举国以听；终日周旋，无不竭情而告。

子所以取信于人君者，尔转一说曰与之，吾则不妨直揭之曰得之。

盖与之之故，在人君不自知；而得之之权，在夫子亦不自知也。

非不知世主骄矜，何能坦怀而不靳？乃相见之下，不觉爽然而心倾，以为天下有如是之不争而让，更有如是之温良恭俭可亲可敬也，而有不折节以询者谁乎？而得之之效于以神。非不知世风忌讳，何以交浅而言深？乃接席之余，不禁蔼然其乐就，以为儒生有如是之虚怀而让，更有如是之温良恭俭克和克中也，而有不降心相从者谁乎？而得之之由可以想。

然则得闻国政非以让乎？非兼以温良恭俭乎？

此夫子盛德之相感，所以得之为独绝也，猥云求之耶。

补上自然，文情斐亹。

十年流亡之生日吟

生日吟自序

流亡海上，忽忽十年矣。此十年中，每逢生日，不问环境如何，忙里偷闲，必有吟咏。虽体裁不一，短长不一，要皆述往事，纪现状，不作浮泛语。其中己卯、甲申两生日，长歌当哭，自创一格，所叙事实，谓为我之痛史也可，谓为浙之痛史也亦无不可。我平时读诗，贪多务速，既未悉心体会，又未专重一家。俯唱遥吟，漫无所祖。且性坦率，往往不加思索，凡所欲吐，笔即随之，字句之间，推敲恒鲜。况一年一度，过去辄不复记忆，致有同一事而数见者，老年情态，殆属难免，览者其谅我乎！总之，我非诗家，值此时代，一无聊赖，百感交横，乃藉此自遣耳。回忆五十年来，为国为民，不满于当道措施之文字，与夫上论古人及遨游南北、啸傲烟霞、感慨身世诸作，积六大册。呕尽心血，俱于倭奴浩劫中散失无存，此诚一大憾事也！今流亡十年，随地随时，秃笔一枝，未尝释手。除公私函牍外，有《山中吟》《海上吟》《生日吟》三编。姑置其他于异日，将《生日吟》先付手民，供诸君子一览。覆瓿覆瓷，惟命若言；求传于世，则我岂敢。戊子年春，退叟许行彬自序。

戊寅六十五　四绝

农历十月初十日为余生日，辱荷诸友宴于大雅楼。不作华封之祝，有类新亭之叙，爰赋四绝。

几经虎口一余生，双十年年酒共倾。
忆自离乡流浪后，不堪回首话前情。

国难声中举目看，两京多少沐猴冠。
同来故旧皆怀葛，值得开樽集一团。

借此同登大雅楼，有人涕泪话杭州。
乱离时节能相会，一席长教纪念留。

六五诞辰海上过，大家唤我老哥哥。
自惭苦命偏多厄，谁道人间福寿多。

己卯六十六　七古三百六十韵

　　虚度六旬又六，身世堪怜；避难两载有余，河山多故。叹驹光之易逝，愧马齿之徒增。回首故乡，天荆地棘；寄身孤岛，人鸟室笼。既无补于时艰，又难免夫俗累。趁百感交横之日，写一生甘苦之情。虽曰历劫遭磨，个人之命宫如是；要亦此兴彼仆，大局之历史攸关。不厌词繁，聊抒气愤。非效龙门之自序，藉作鸿爪之留遗尔。

　　　　老夫今年六十六，六经三传自幼读。
　　　　逊朝取士重文章，也曾名场争逐鹿。
　　　　纵然博得一衿青，不把巍科萦昏夙。
　　　　邑中恶少逞横暴，捬勒竟藏邻儿椟。
　　　　恰好祭潮大吏临，上书谁料祸机伏。
　　　　是非颠倒一筵间，纵匪偏有郑州牧。
　　　　访文下地肆滛威，月夜望门便投宿。
　　　　破产相容有紫阳，一时苦难露面目。

举子业废学堂兴，变名从此效张禄。

行李一肩书一箱，琅琊作伴免孤独。

扁舟往试列前茅，自喜汉书幸早熟。

壮岁犹厕童子俦，降姑为妇深惭恧。

满堂同学戏相呼，两字头衔称长族。

忽忽三年告分离，东西南北各驰逐。

前清光绪二十五六年间，予乡帮匪横行，有张姓子被匪掳勒。予科试赴杭，将其情通禀抚藩臬署，为州牧郑汝骙所衔恨。八月十八潮日，李廉访希杰来宁祭潮。张姓又呈求缉匪，郑即送一访稿与李，诬予唆讼忘控。李据稿令饬拏办。郑奉令后，实行其灭门令尹之权，拘予到案，发押学堂。宴请城绅，详革予之衣顶，冀甘心焉。予得讯潜逃，匿岳家朱姓半年。予原名葆光，改名祖谦。投考浙江高等学堂，同伴王景韶，试题系《汉高祖得天下论》。其时同学年在三十以上者，祗予一人。

废铜烂铁感提携，当道之前辄推毂。

下士忝为座上宾，亦文亦武事案牍。

将军失势仍与游，纸醉金迷遭谤讟。

忿然去职赋归兮，有田可耕愿叱犊。

予毕业后，由杭辛斋在浙抚增韫前游扬，增先命代拟《农工研究会训词》一篇，颇惬意。予乃得农商工矿局及陆军小学堂两文牍职。是时有望云亭者与杭有旧，寓刘观察廷钧家时，邀予作北里游。杭闻之，密劝予曰："望将军行止不检，予虽旧交，已淡漠视之。君宜少与往来。"予不能听。一日杭书一联于予之案上，曰："冷眼先从观我始，热心只恐误人多。"予读之负气回家。

瓯江一电突飞来，重操旧业谈教育。
蹄涔勺水鲤难容，千里乘槎往不复。

宣统元年，温州师范学堂少一心理学教员，有某同学知高等学堂此项讲义系予所编，来电邀请予往，就之。暑假后，即却聘。

清政不纲民怨咨，鼓吹革命笔毫秃。
《钟声》惊动武林城，大索风传逃匿速。

予自温州回杭，组织《浙江白话报》，旋与杭辛斋合办《浙江白话新报》，并与其侄卓英创办《省钟报》。时武汉起义，予于革命大事鼓吹。为增韫眷属迁沪，予有先去，以为民望之刺增，追其眷回杭。柏游杭上下城以示，未行，已不谦于予。复因城隍山埋炮之纪载，大怒，指为煽惑军心，立传巡警道杨士燮到署，面谕捕予正法。杨谓："许某非革命党，杀一不辜，于心不安。是革命党促祸暴发，于大帅亦不利。"旁坐恽毓珂、袁思永两观察均然其说。增默然，杨退，即密令宗阳宫巡官刘纪正通风，予得脱。次日大索，予不得归，咎于杨，调杨温处道，而以温处道郭则沄调巡警道。

转眼竖起光复旗，不争荣利侪鸡鹜。
妇人醇酒隐瓜山，间或诗文讽食肉。

浙西大利归农桑，时到春深蚕上簇。

财务机关亟需才，谋征茧税充杼轴。

一官承乏到家乡，黾勉差免覆公悚。

浙江光复后，予任海宁第一次茧捐局长。

公毕会逢选政开，父老冀为地方福。

一致拥登议士坛，指陈疾苦共悦服。

方期雅颂庆承平，那晓风云起大陆。

独立沪宁事不成，两书同被侦者鬻。

项城密令绝乱源，俯首就羁听三木。

至友彦昇苦相随，夜谈国事泪盈掬。

人妖诬蔑亦成嫌，同拼头颅莫畏缩。

白头老父远来探，相对无言祇一哭。

兴武入京宽大求，党人一例免株戮。

此身化险得为夷，一度又遭军官鞫。

宣告缓刑保释回，嘱毋逗遛三天竺。

癸丑宁沪之役，浙议员十六人函请浙都督朱瑞独立。莫永贞、刘琨两议长下即予名，予单独又有一书与卫戍司令张载阳。事败后，袁世凯电浙，有"据参陆两部密报，浙江鼓煽最烈者有许祖谦、任凤冈两人，着即拿办，以绝乱源"等语。予与任先后就逮，由宪兵司令部，而军政执法处，而都督府，凡四阅月（初次讯问提及某报所刊人妖广告，盖是时某报指民党重要分子莫永贞、吕东昇及予等为人妖也）。赖朱福诜、吴赓廷、陆宗舆、马汤楹等营救，组织军法会审，减轻刑期、宣告缓刑。保释之日，朱氏邀至客厅叙。寒暄后，嘱令赶速回乡，毋复居杭城。此案始末详载当年《浙江公报》。

> 自知必死竟生还，闭户读书重事畜。
> 卅载老友以书招，牢骚何用长满腹。
> 出游燕赵亦良佳，襆被欣然走仆仆。
> 杭顾沈徐日盘桓，颐和瞻望空严肃。
> 眼见达官豪富家，万般龌龊图成幅。
> 奴隶制造痛哉言，不愿久留谋饮啄。
> 怅怅南归家食甘，离京甫植陶潜菊。

予出狱后，甲寅五月杭辛斋来书邀游北京，予抵京与杭等同居敦家坑海昌会馆，顾乃斌、徐卓、沈王桢晨夕盘桓。予每见龌龊举动深以为耻，杭曰北京乃奴隶制造厂也，予不愿久留遂南归。

> 陡传老友被羁囚，同逮何人名莫卜。
> 电讯只将一姓传，亲朋误认眉皆蹙。

予归后数月，杭辛斋以被逮闻，沪报宣传有一同伴许姓而不志其名。亲朋以予有入京之行，皆误认予又入狱。

> 天心恶暴洪宪崩，北面称臣齐退谷。
> 幸运悔翁双印兼，东莱依旧清风穆。
> 蛟龙岂是池中鳞，不甘人下心早蓄。
> 一起一落一家中，浙人自治长城筑。
> 首先恢复议事权，容纳民意惩贪黩。

何图长浙未经年，祸起萧墙小不睦。

于木电劾近滑稽，杨齐顷刻新恩沐。

舞台痛说浙局摧，一片掌声渐离筑。

外兵入境此开端，固拒不获愁千斛。

丙辰夏，袁世凯暴亡，浙督朱瑞逃往天津。屈映光以巡按使兼摄督篆，嘉湖镇守使吕公望起而代之。予与何绍韩等，要求恢复省议会，吕从之。正值开会期间，忽以傅其永接办省警厅事发生冲突，满城文武纷纷电京辞职。段祺瑞电复有"诸弟小有不睦，何必出此"。原拟以周凤岐长军政，张载阳长民政，由吕氏电请任命。不料次日，段已命杨善德率兵入浙，齐耀珊长浙矣。浙人开公民大会于城站第一舞台。予演说："浙江门罗主义从此打破。"听众掌声如雷，谓须拒绝外兵入境。专车赴龙华谒杨，杨称拒兵即拒我，万不能允吕，语予曰："事已至此，公民大会不必复开。"盖此时杨之部下谓名为公民大会，实即公望大会也。

惟仗《良言》笔一枝，温犀禹鼎慰伯叔。

吉林盛气诋朝臣，对此视若陈琳檄。

拥队扬威入议场，厉声叱退如退敌。

妄加该字议员头，反诘一书语中的。

莫谓浙人懦可欺，挺身奋斗情历历。

第二届浙省议员予又当选，与任凤冈合办一《良言报》。对于齐耀珊裁撤审检所案，认为措置不当，时加指摘。司法总长张耀曾表示同情，齐竟痛诋张氏，而对于《良言报》虽欲封之而未敢。浙议会开会，齐初次出席，不知省议会法，所带卫队闯入议场。经予依法诘责，始命退去。予为警备队经费提一质问，措词极严峻，齐恨之。答复书中有"该议员"一语，予据正义驳诘。闻齐回京时铨叙，局长郭则云曾以此笑话为问。

> 同舟不幸议加薪，独善其身嘉名锡。
> 千百青年左右围，夺门而出门难觅。
> 一编议史永留存，羞彼贪夫惊枉吃。
> 佼佼铮铮同伴谁，有人匿笑旁吹笛。

浙议员公费每月八十元，有某议员等主张加为一百四十元或一百二十元。杭城学界经亨颐等群起反对，指导学生包围议场，大肆侮辱。指予则曰："此好议员也。"结果该案搁置。

> 西湖风景甲寰球，虎视眈眈云幂幂。
> 宝石索钱又宝云，假名慈善斥夷狄。
> 紫云事了问黄龙，长使梅花抛瓦砾。
> 寸金土地主权尊，岂徒援救方外溺。
> 保留名胜我肩任，媚外偏逢豕白蹢。
> 一粟瀛寰竟与题，官声未免太狼藉。

英人梅藤更垂涎西湖山地，动假慈善名义购买。有陈予耕者，为虎作伥。前清宝石山案，迭经交涉，卒赔款赎回。民初紫云洞僧文通以宝石山系该洞产，而梅又有串购事，请予力争。予据条约，外人不得在内地置产，与梅讼。梅延高易律师，仍不直宝石山案了。后梅突在黄龙洞旁筑一墙围。

予又请官厅干涉，梅无如何而抛弃之。予徇方外之请，力保土地主权。而浙长齐耀珊竟与犹太人所筑之别墅题一额，曰"瀛寰一粟"。真不知其心肝何在。

> 辫军复辟逼黄陂，天下纷纷心戚戚。
> 侦得军团真相明，电陈大树休观壁。
> 扬清激浊两未能，卒把《良言》付悄寂。

张勋复辟时，各省督军态度不明。予主办《良言报》，往询第二师长张载阳，请卢永祥督办宣布真相，卢允之。但读卢电，有"扬清激浊，两有未能"语，深为骇诧。除电冯副总统国璋入京行使职权外，即与同事任凤冈、潘忠甲、查人伟等，决将《良言报》暂行停版。

> 清议既衰眼去钉，吏治窳败遑言绩。
> 为文弹劾款胪陈，东海始惊群情激。
> 下令吴兴长梓邦，谁知惹起妒风击。
> 密函三老说其因，吴兴南下任搜剔。
> 同城文武辄相煎，遇事还请当锋镝。
> 三届省选令惟行，一通艳电如霹雳。
> 小女陈尸犹在旁，催促登程泪珠滴。
> 热血满腔急于公，离家不管家中戚。
> 武人干政分不当，驰到春申加指摘。
> 发扬民气一人担，战胜强权公理析。
> 军阀也多儒雅流，拨开云雾天日觌。
> 选举告成功不矜，让人领袖慕退鹢。

民之喉舌在新闻，以地命名誓荡涤。

不怕死兮不要钱，重张旗鼓乾且惕。

杭州片纸快睹先，不胫而走捷如驿。

毕竟武人气未降，时势造成笔无益。

江陵何事游湖滨，一席华筵叨作客。

怒目闭门慷慨谈，东南局面将更易。

回京组阁示权衡，浙长出在井亭宅。

我友登台非不欢，义为我友争人格。

军民分治愿能如，正好推行钱镠策。

自《良言报》停版后，齐耀珊自恃有援，益无顾忌。徐世昌任总统时，予于省议会提一弹劾齐案。二读通过后，沈定一主将原文分电北京、广东，称孙曰中山先生，自不得不称徐曰菊人先生。而徐阅之，大惊，疑浙议会讳称大总统，殆将独立。立命浙人沈金鉴长浙，为卢永祥所拒。予谒浙江一、二两师长潘国纲、张载阳，知皆无拒。沈意遂密函钱能训、孙宝琦、汪大燮三老，告以内容。沈南下，抵杭站下车。第四师师长陈乐山竟严行检查以辱之。沈阅历甚深，遇事又不肯敷衍。每值为难，虽深夜亦必请予与任凤冈，筹商对策以制卢。迨三届省议会改选，卢憾议会掣肘，发一艳电阻止。沈欲辞职。警务处长夏超、政务厅长冯学书尼之，邀予至省署密商。嘱予至申，托民意，以促卢觉悟。予先后邀王景韶、严独鹤、马汤楳草拟各项电稿。修正后交由董仲章拍发，并送登各报。卢意稍馁。嘉湖镇守使王宾首允开选，次第选毕。有以副议长一席相畀者，予不受焉。予办《杭州报》。蒋方震、沈定一、刘大白、张誊、顾维均等，均延致馆中，时称人才。
报纸颇为社会欢迎。张绍曾来浙，设筵于清华旅馆，同座皆
报界中人。张氏发言，似衔有密查浙事之使命，旋回京组阁，
即任命张载阳为浙长，盖与卢有约也。张为卢举，浙人以赵
孟所贵为訾议，予系张老友，似不应反对，然恐卢干与其行
政权，亦详为指摘。卢果慑于物议而声明一切。

会值北平久赋闲，异想天开招裙屐。
山明水秀吸游资，博览为名特设席。
取费食盐附税增，民房折毁会场辟。
群公衮衮祇逢迎，举座无人敢啧啧。
不揣孟浪往事提，民穷财尽请完璧。
北平无语缓实施，筹备草章允改革。
浙政之权浙人操，差能顾念地方瘠。

前财政总长李思浩来杭，拟办西湖博览会，招致外商吸
收游资。原定计划经费则取给于盐税，地址则将运司河下与
陆军同袍社附近一带民房拆毁改建会场。邀集官商在商品陈
列馆会议座上皆唯唯诺诺，予独以为不然，并列举巴拿马赛
会及南京劝业会贻人口实诸端请注意，至加盐附税及拆屋之
举，尤期期以为不可，闻者愕然。张载阳枉驾顾予，谓卢永
祥以李声望较崇，浙中无可安置，特设博览会长一席以敷衍
之，事属民政。卢已说明一无成见，李亦主设一评议会，再
研究办法，以期无累于民，云云。此可证浙人谋浙，尚能顾
念地方，而非一意孤行也。

无奈邻封把衅挑，兵戎相见争收获。

前门拒虎后进狼，失守仙霞演活剧。

是否浙军别有情，退却曷为如此迫。

玉川纵肯坦然东，部下疑团都未释。

我友乡邦冀保全，尊荣敝屣明心迹。

嘘唏言别送登车，不为友惜为浙惜。

卢齐战争，说者谓起衅于鸦片。当时卢之军队直扑江苏，而以浙军守江常门户。不料炮兵队长张国威猝以失守仙霞关，闻潘国纲又不战而退，卢不得已弃浙。而陈乐山等以浙军暗通孙传芳，有意倒卢，扬言先与浙军决一雌雄。张载阳恐祸及桑梓，立将师长职让周凤岐，省长职让夏超，只身从卢走沪。临行予往送，无限感慨。

江东箬帽下杭州，骄态令人指欲戟。

两次邀谈未奉遵，书生结习坚如石。

腕下有文直笔书，词严义正褫其魄。

几回压迫赴军营，董宣强项笑犹昔。

乙丑，孙传芳长驱入浙，骄甚倩。同乡陆军中将周承菼邀予谈话，未往也。予办《杭州报》，信笔直书，罔听顾忌。先后由上官云相、汪其昌等传予至宪兵司令部，予处之泰然。

青田养士露锋芒，调虎离山阴计划。

有友金陵甫言归，寄声两长如棋弈。

挥毫放胆广传宣，江浙士民滋不怿。

揭破阴私互易谋，宛同台谏批鳞逆。

雷霆怒发不容辞，就缚阶前危旦夕。
禁闭空房暗自伤，眼中祇有墙间隙。
忽见草草字数行，旧雨手题人已辟。
触目惊心过虑生，微躯毋乃也遭帛。
故人查吕辱关怀，来告各方救络绎。
何物兔儿妒忌萌，特停接见重重隔。
末由一见泣沾襟，老父含悲泪如汐。
妻妾呼天天不声，风声最怕逢屠伯。
再三讯鞫不饶人，送监执行俱手拍。
监内犯兵新客称，齐言至此有途择。
十年又四定刑期，自叹春秋逾半百。
地久天长狱里过，漫漫黑夜何时白。
死生虽大视寻常，一任他人威赫赫。
独念娇儿已早殇，邓攸身后谁担责。
苦吟几首狱中诗，消息递来可解厄。
四五名流用意深，直言弟等受骂亦。
成名存命要审详，子晋情非视路陌。
驰救函电纵纷纷，效能偏重举债额。
犯兵所说确非虚，此命未登冤鬼籍。
调长问题岂足奇，谳成内乱词多摭。
产生国宪事犹空，颠覆何来竟口借。
言论自由约法隳，门前封纸长盈尺。
金融界有祁奚风，条约严苛带威吓。
结稿还须亲手钞，不许窜易稍研覈。
一看字句理难通，口欲箝而笔欲掷。

啼笑皆非命是从，出狱仍留山水碧。

《杭州报》为孙之眼中钉，自不必言。浙长夏超暗养士卒，孙虽与之结盟兄弟而猜忌甚。予友莫永贞与孙之秘书万鸿图过从甚密。丙寅夏，莫自南京回，谓："据万说，江苏陈陶遗、浙江夏超两长不日将对易。"予将此消息宣布。孙怒甚，即电令卢香亭拏办。予被捕至军署，宋梅村出《杭州报》一纸，问此消息何来。即押送陆军看守所。予独居一室，壁上见有魏泽寰字。魏亦省议员，为卢永祥所枪毙。追念故人，不无兔死狐悲之意。

当日即有查人伟、吕衡二友来视。次日悬一牌，无论何人不得接见，系因孙之机关报（《大浙江》）内人报告查、吕来见之故。其时最先得讯者为顾乃斌、陈惟俭，顾则往告周承菼，陈则往告陈其采。周、陈在日本留学与孙有同校关系，即向卢缓颊。杭人对于此案极注意，中国银行金百顺、惠迪银行王祖耀、典业银行王锡荣、地方银行徐青甫皆奔走营救。海上如章炳麟、蒋尊簋、褚辅成、殷汝骊等亦电孙，要求释放。孙尝谓予好骂人，故章等电中有"弟等亦尝受骂"句。其他宁、绍及宁邑同乡几无日不有救电。结果赖财厅长蔡朴援救，始生效。盖是时蔡举办公债，请金融界会议。王锡荣愤言曰："我等保一许某尚不得，公债事何必问我等耶。"蔡允力请，是直以公债救予性命也。当未判决前，所犯均为予危，及十四年六月刑期定后，则都拍手相送。监狱内犯兵谓：执行便是生路。

其最危险期内，沪报据实刊载。甬友王廉诣各报馆，请曰："欲成许之名则可，欲存许之命则不可。"各报乃缄默不谈。

王爱予深，故以全予命为主。予之罪状乃内乱罪中之颠覆国宪。尤可笑者，以不再做议员，不再办报纸为条件，盖忌予之口与予之笔也。此案详予所著《丙寅狱中记》。

经此折磨静待时，感人营救谢恩泽。
韬光养晦杜门居，滚滚政潮又复起。
江东败绩困江西，公瑾电来青田喜。
诏我时机大可为，野心欲取沪淞市。
劝毋轻进待须臾，说客惑之弦上矢。
强迫文元替伯喈，文元敦促相助理。
明知大势是悲观，义不能辞权受委。
未满一旬议出师，摩拳擦掌向东指。
迭陈利害置勿听，犹道男儿岂畏死。
即使成败不可知，几年流寇优为只。
黄龙痛饮语诚豪，昏夜大军开动始。
同祈战胜唱行歌，一副新装万目视。
汽笛呜呜声渐遥，哭师蹇叔阿谁是。
诘朝谍报来鸳湖，外扬旗前相对峙。
饭罢惊传战败逃，凄凉省署禅关似。
蔗林闷坐絮谈兵，呼唤无人应唯唯。
独步出门泪暗挥，我谋不用今已矣。
沿途兵器弃成堆，亟请暄庐速取此。
诚毋资敌善为储，好待将来用雪耻。
回言大事有人肩，明哲保身当自止。
急急离杭车不停，查陈作伴还桑梓。

白旗下语记陶君，此是浙江新痛史。

闻道青田上富春，舟行不进鬼驱使。

只身重返自投罗，血溅湖山惨甡耳。

尝胆卧薪十载余，六军一旦随流水。

越王不作作项王，手写挽歌悲不已。

　　孙传芳江西败北，周凤岐来一电称将率师东归。夏超心动，认为时机已至。兼之马叙伦、许宝驹等又日事游说其左右。王藩等虑之，浼予面劝，予以暂待周到，事有把握再发动。夏有难色，初嘱予与王廷扬驰赴浙东，旋强政务厅长萧鉴兼长财厅，萧邀予相助为理。

　　不数日，夏召队伍议出发，予迭陈利害。夏曰："我志已决。万一失败，还可做几年流寇，即亡命海外，也多几个朋友。"其出师之夕，予送至城站。有人见其军器都系新式，戏之曰："好一副嫁装。"予闻而恶之。

　　次晨，接嘉兴电，小获胜仗，颇慰。及晚则纷传败退矣。予至省署，仅董绍祺一人在办公室。呼役良久，无一应者。予归寓途中，兵器触目皆是。急电张载阳，速命驻守团长伍崇仁收藏。张曰："此间事自有人主持，君宜速避。"予乃雇一汽车偕查人伟、陈德新遄返海宁伏处。

　　乡间知宋梅村已抵杭（杭县陶镛后有《白旗下语》一文，纪事实也）。夏走富春，相传舟摇一夜不得上，其部下以兵变告。夏乃返周家浦，乘舆回西湖，徒步石塔儿头，为哨兵所获，遂遇害。（闻宋电孙，回电秘密处死）。予挽联云："是勾践也耶？是项羽也耶？十年辛苦，一旦牺牲，回首英雄剩白骨；

为钱镠不得，为张俭不得，勿用我谋，莫名公死，伤心党国恤青田。"

> 造物待人亦有心，回头就是浙男子。
> 自来大义重复仇，蛰处乡间拭目俟。
> 咄咄溃兵至成群，沿村掳劫凶蛇豕。
> 奋身攘臂与周旋，前枪后弹危无比。
> 家家寂静似深宵，独抱热忱护梓里。
> 费尽千金后继难，自惭急躲酱缸里。
> 党军直下铁桥南，爆竹欢迎良有以。
> 道遇降兵诉苦衷，哀哀就在泥中跪。
> 里人愤恨肆咆哮，劝送朱桥毋鞭捶。
> 桥上党军警备周，夜眠才拥丝棉被。
> 新春雨雪又飘飘，逐北追奔疾如驶。
> 穷寇余氛尽扫除，地方安谧慰翘企。

丁卯春正月，党军入浙。孟昭月兵先由火车退去，周荫人殿已无火车可乘，步行东退。凡铁道旁之村镇靡不遭其蹂躏。予家在周王庙市，距铁路不过半里许。溃兵数万散队，掳掠计有三日。市上家家闭户，祇予罗致游民出而周旋。千金费尽，大受其窘。予卒躲酱缸中以自免。薛岳先头部队为一夏姓，遣谍来与予接洽前进事，予往欢迎。经过油车桥，有四降兵跪在泥中，里人皆欲置之死地，予止之。押送朱桥，听夏处置。此后乡瑞安谧如常。

宦情夷甫本来无，饱阅沧桑淡名利。

省政机关花样新，人才罗致先同志。

无端简札交相邀，率尔献身姑一试。

忝参重要职收支，开节源流大不易。

筹解饷需星火催，严词谴责非儿戏。

权门不解掘罗艰，犹望颍川长助臂。

经常党政费狂加，索取俨如石壕吏。

庖代亚夫费踌躇，左右皆难若芒刺。

邀请应付求咸宜，检点帑藏财告匮。

口舌往返三两天，嗣宗为法未如意。

吾民膏血视泥沙，不允诛求持正谊。

职有崇高卑下分，浙人为浙理无异。

识时俊杰笑其愚，自矢生平不献媚。

仔细面陈颍川前，雅蒙称许再三四。

颍川车喻恶豪奢，阔少排场那肯比。

众口嚣嚣木已舟，从权暂任他人醉。

汪汪叔度器非凡，劝我坚持毋到地。

挥霍逾恒既不论，商人何忍横遭累。

发还百万不还银，公道主张未付议。

在职半年竭尽忠，倔强动触权门忌。

留书毋再苦我民，飘然引去贤途避。

　　浙江省政府组织成立，代理主席为褚辅成。分二大机关，一政治委员会，一财政委员会。政会主任由褚兼，财会主任为陈其采。各方以财会秘书长一职予最适当，函电见邀。予以诸委员大半旧友，出允承乏。惟库空如洗，而前方催解饷需非常严厉。幸陈主任系银行界人，始得度此难关。

清党事作，褚被监视，继主浙者为张人杰，对于党政经费大加扩充，较之军阀时代增十之七八。第一次派楼守光到财会支款十二万余元，适陈赴京，由周委员骏彦代庖，阅文大骇。周穷于处理，强予出应付，予持不可。楼一日七至，曰："我等事务官，何苦得罪人。"予驳之，曰："官有大小，尔我同是浙人，当为浙江着想。"楼以先付数万元，请予援照阮性存司法厅预算例，每机关支五千元，楼快快去。阮来函谓：民建等厅恨其预算额定太少，致为藉口，欲将该厅应支之数摊给各厅云云。嘱予万勿再以司法厅为比嗣。陈回，告以一一，雅蒙嘉评。不料省府群起咎陈，谓预算案经议决未便变更。陈本崇俭，平时尝谓："用钱例如出门乘车，乘二、三等车与乘头等同到目的地，何必示阔而坐头等？"然此时彼众我寡，祇可允诺。而犹虑予倔强，劝予毋生气。予师徐青甫委员为孙传芳临走时曾向银钱业借款九十余万元，财政两会联席会议决认为资敌不予归还一事，深不为然。予与徐同一见地。适杭商会详述苦衷，续请发还，予请于陈批准之。陈于批尾有"提交追认"一语，促予提案。予念批词，称时间关系，第两会如旧，难保不坚执前议，劝债还后静待机会，不必急于付议，致蹈拨草寻蛇。陈深然之。

中枢门户起纷争，公瑾还来膺重寄。
一夕狂言四座惊，都道汲黯殆第二。
手书延聘意殷勤，品格自尊分取弃。

行政用人机构高，终朝素餐闲无事。

抬头廉洁字飘扬，相看问心多负愧。

正想贡陈意见裁，偏逢同学来争位。

掉头不顾出公门，一笑初衷自此遂。

予辞职未久，政局猝变。戊辰春，周凤岐以桂系李宗仁、白崇禧故，任浙江主席。假省教育会开党政军绅商大会，到会者四五百人。予演说："浙政过去情形诸多不合，毫不为各当道讳。"掌声如雷。庄崧甫、阮性存、王祖耀等咸称予"直言无忌"。周欲聘予为省府秘书长，予念同学邵元冲之离浙，系予对七万元移沪一击之故。驱人而已代之，是无私而有私也，持不可。周乃以政治分会秘书长延予，予冀知该会之内容，直任不辞。任职半月，无所事事。详查费用，月需一万数千元。第一次开会毕，与陈委员其采同行，抬头见"廉洁政府"四大字，白布飘扬。陈笑曰："廉洁果如是耶？"予认此机关为赘瘤，拟提议裁撤。第二次开会，同学蒋梦麟先时独坐此位（蒋系前秘书长，未辞职），予不愿堂堂政府机关闹出双包案笑话，遂疾趋而出。

雨覆云翻政变多，退居不步柳下季。

经营丝茧利蚕农，痛恨贪污心妄觊。

电乞公家顾税收，颛顸疆吏翻包庇。

谗言是信宿嫌衔，天尚未明来缇骑。

八咏主人白眼遭，捉将官去咸惊悸。

有司奉谕禁圜扉，长日如年容憔悴。

难得康成重我名，特予优待殷殷示。

鸥盟已往蚊成雷，书上邹阳讵为自。
缓颊区分表里层，但凭一语元龙至。
半钱不值两开庭，也算一回祸文字。

周凤岐下野，张人杰重来主浙。予已脱离政界半年矣，仍操茧业。钱永铭长浙财厅，大权尽操蒋元新手，蒋系张人杰私人。是年庚午，海宁茧行开设一百数十家，其捐额当超过原定十万元一倍以上。财厅不加比额，特定奖金，实蒋之意图分润也。予用海宁茧公会名义，上一改订比额条。陈揭破其阴，大触蒋忌。蒋于张前诬予捣乱，张手谕省公安局长阎幼甫捕予。予乞沈士远（省府秘书长）往说，竟遭拒绝。由公安局捕送省府，移送法院。郑文礼院长惠予名，面谕看守所长魏章优待。予与张有旧，自狱中上书说："孙总理赐书有'鸥盟仍在'句。君为主席，不应听谗，虐待老同志。"张颇悔。外间为予缓颊者，沪、杭两地大有人在。沪商庞赞臣，张舅也，援予最有力。张允之，惟言杭人已有请之者，此情须卖于杭人。继杭人再请，即嘱教厅长陈布雷同学传谕法院开释。

去兮一张来一张，大言紧缩天花坠。
渴望实现杳无音，面谈偏作强词怼。
引书两失释其疑，转颜为笑称嘉赐。
库空出入委难符，也向民间施故智。
旧赋查追严复严，发封房产逼民缢。
两书抗议固呶呶，历述繁苛字字泪。
养性已亡奏疏稀，免除加赋徒希冀。

　　侈谈建设金如泥，子弟败家正相类。

　　张人杰去，而张难先来。一查档案，政费惊人，倡议紧缩。闻者韪之，无如徒托空言。实行无日，而见与谈，反谓："何不向前主席规谏，而今乃责备弟耶？"予答："以前主席主铺排，孔子所谓不可与言而言之，则失言。今先生主紧缩，孔子所谓可与言而不与之言，则失人。予不欲两失故耳。"张始称拜嘉。是年壬申，省预算案收支不敷甚巨，遂以查催旧赋为惟一救济之门。但浙西水灾民困，尤甚予邑。阮村某乡因欠赋，发封房屋，自缢死。予两函张，谓："一方办赈，一方催征。是欲民之生者政府，欲民之死者亦政府也？"并历述地丁抵补金项下附税重重。小民如何负担得起？请援前清骆养性奏免二千万加赋例，入告国府缓办无谓之建设，稍示节省。而张以前任所办诸政不能中辍作答。为之一叹。

　　　　生性素狂不畏强，每于官吏严责备。
　　　　海外贸易说蚕丝，妙计大张统制帜。
　　　　春去秋来茧又登，禁商染指官设肆。
　　　　埋头灯下写成词，直斥南丰太专恣。
　　　　既病小民复病商，国家争利岂图治。
　　　　南丰愤怒压力凭，同僚无语顿垂翅。
　　　　事经调解救垂危，秋色平分群倚畀。
　　　　所争为公不为私，北来伯起心头记。

　　曾养甫长浙建厅，创议统制收茧，不准丝茧商染指。是年秋茧每担仅十余元，予之长安丝茧厂亦统会收购。官营商业压迫蚕农，予不直其措施，与之争，甚至登报通缉此项秋茧出境。曾愤甚，在省府会议席上提议拏办予。时鲁涤平主席及吕苾筹民厅长，均笑不作声。郑文礼语之，曰："许某老尝铁窗风味，非一吓所能了。不如倩人调解为是。"曾乃电邀褚辅成及金百顺与予商，将该茧二千六百担出售。予支配于各丝厂，绝不自利。各丝厂是冬正陷危境，得此支持，统会秘书杨承训深佩予有董子风，正其谊不谋其利。临去浙时，曾致缱绻之意。

> 鱼头主浙太无聊，不问苍生长渴睡。
>
> 漫把山河寸寸量，钱财浪费究谁祟。
>
> 功利未睹累先缠，中外名臣论荟萃。
>
> 博引旁征不惮烦，拜嘉徒沐仍推诿。
>
> 官场民隐久相违，上策长沙何苦为。
>
> 浊世处身都特殊，史中游侠求寤寐。

鲁涤平主浙时，人以渴睡汉讥之。其举办清丈，耗费民财，杭县一县达二百万，且丈而不清。予上一书，极言如此清丈，国家未有丝毫之益，小民已受丘山之累，亟应审慎。鲁答曰："所称各节确有见地，援引中外历史，尤微渊博，谨拜嘉言。惟此系前任移交之案，未便推翻，应乞原谅。"云云。予知其无能为，从此不复通函矣。

> 公侯将相暨屠沽，一样交游无少别。
>
> 对上不阿下不骄，退园小筑安迂拙。
>
> 门墙桃李自成阴，浪得虚声文中杰。

技术岐黄素未谙，群医推重羞三折。

贸然出长浙医团，图保长生旧有诀。

予门下日众，有求学问者，有幕声誉者，有思利用者，
品类不齐。予明知之，而不欲崖岸自高。孔子及门三千家，
语一书祇贤弟子七十二，其他从可知也。予何人斯，敢比孔
子之门墙耶？近年国药家受舶来品之打击，冀图挽救。愿隶
门下者，更复不少。予得此辈推重，既任国医研究社长，又
奉中央国医馆焦易堂馆长委任浙江分馆长。自惭医非素习，
不过保存旧有，是分内事，愿负责焉。

一阵狂风扑面吹，杭州市选竞争烈。

文中已死继谁何，拥者人多忌者谲。

借力军警故摧残，半夜破门恣搜抉。

一无所获便诬扳，张冠李戴不由说。

捕之下狱再谆谆，选举场中名不灭。

烟禁厉行自有刑，那知瞬息几流血。

有无瘾毒验未终，报纸公然大诬蔑。

经一难关又一关，全城商界都桥舌。

密传险讯到深闺，吓得细君心胆裂。

故旧门生齐着忙，东奔西走途几绝。

二王援救暮朝朝，恶势力中无补缀。

海上闻人不平鸣，都中友好谋昭雪。

回看湖上旧同侪，利害相关竞媒蘖。

阳则为言阴石投，人情鬼域交情蔑。

轮流守卒夜沉沉，私语喁喁指症结。

束缚昂藏七尺躯，盘旋一室恨难泄。

两生晋谒认师徒，供读韩文更呜咽。

自念心身已甚劳，有何精力争长薛。

忌之固妄拥亦非，声望误人天作孽。

事涉延陵冤里冤，子长何辜竟缧绁。

一朝京电付法曹，报道先生出虎穴。

可叹康成法不依，动多顾虑扭扭捏。

幸逢刚正议平反，还我自由还我洁。

对方陷害意未消，谣诼遍传将暗啮。

思患从来须预防，丈夫能忍乃为哲。

准备息影返蓬庐，抛弃杭州冬至节。

　　乙亥秋，杭市商会主席王祖耀病故。时值改选，拥予者有人，忌予者亦有人，忌予之人大半相识。其黑幕则别有在，非真为商会也。予已登报表示不参加选举，而忽来一若讥若讽之书，内附宴柬。予阅之，辞不赴宴，几酿大祸。缘忌者疑予怀恨，别有作用，存两雄不并立之想，于选举日上夜十二点时，借力军警将予寓包围，入内搜索，一无所获。嗣搜至前埭杭海汽车公司吴家鼎房内发现烟具，指予有嫌疑，捕送公安局。予自问从不吸烟，过了选日自可水落石出。闻选举场中大事宣传谓予犯消极资格，已就逮，不必再投予票。无如选者仍多，益触其忌，乃藉吴之烟土（此项烟土实系吴之内侄张某物）欲坐予以贩卖罪，送予保安处。该处军法科长孙瑸，予同学也，有某要人往请其立同一线上。孙大骇，一面解送予至省府调验（认分馆长为公务人员），一面电蒋委员长请示，并密告新由皖来之汪德光同学，谓："杭人张载阳、钱文选等已无一能救之者。"汪乃与陆希同学商，用予家属名义电陈布雷，函赵迺传两同学。首都党政知友，如周骏彦、陈其采、陈立夫、焦易堂、孙科等诸公亦函电浙主席黄绍竑营救（孙电措词有"地方士绅正气所在，切勿故意摧残"句）。海上张寅、杜镛与张发奎、唐生智诸公闻而不平，亦面请黄审慎办理。黄自沪回，见报载予确有烟瘾，询诸调验。所长陈某则称尚未验明，黄乃知陷害属实。迫验明一无瘾毒发，还保安处，仍不开释。予独处一室，门外派有守卒，日夜轮流。予偶与谈，皆知为商会而非为烟案也。

一日，有一少年入室，自称该处队长，名陈天申。愿为弟子后，复偕一徐至光来向予鞠躬，呼予曰老师。自此，二生常相出入，并携韩文数册，俾作消遣。予读至昌黎《祭十二郎文》，念及禹侄，更呜咽不成声。旋商陈生可否邀采姬来一晤。陈允遵办。

采芝见面，予始知性命之危险。据述王锡荣负病相救，王廷扬则到处乞援。保安处宣铁吾处长，诸暨籍，诸暨人之识予者咸谓宣曰："君与许无仇，万勿为傀儡。"某日宣将赴浙东，有追至江边者，请杀予而后行，宣拒之。直待蒋委员长电饬送交法院讯办，陈生始暗告予曰："老师今晚出虎穴矣。"郑文礼院长受人箝制，不敢遽释，复交市立病院调验。结果事白。郑犹暗嘱强处予以帮助吸烟罪。予上诉法官，会议以司法独立不应被外界所劫持，乃宣告无罪。是案，杭人中之作祟者，阳则为言，阴则下石，真可叹也！

予回寓，凡往来客人，警士辄记录其自备车之号数。外间复有暗杀风说，予从友，请挈眷回乡。小小烟案牵涉予身，竟演出如此活剧，奇矣！犹忆事后，晤到徐青甫民厅长，徐言及案发时奔走一场，无甚效果，自觉惭愧。真令人感激之下，深叹世上风波之险恶也。

> 闲里光阴去似梭，鸟啼花落春又别。
>
> 万千事业戒偷安，社会逼人未许辍。
>
> 重到杭州焦棋杆，事过境迁心又热。
>
> 大道云亡孔是卑，庙中鸠占形残缺。
>
> 耆硕起争状复原，相推为首求贯澈。
>
> 撰文力挽旧藩篱，自愿背时任攻讦。
>
> 邪说流行国运衰，祭丁异族翻加列。

乡居半载，郁郁寡欢。春去夏来，百端待理。丙子重到杭州，僦居于焦棋杆单宅。他事不必谈，仅就孔庙而言，关系世道人心，实堪浩叹。自废孔之谬说出，利用孔庙，几视为当然。有师范学校者扩充校舍，竟将孔庙全部占据，或毁弃、或建筑，尊严扫地。杭人谋挽回之，起而与争，推予为首。撰文宣布后，遭师校全体教职员之攻击，经反诘，始默然，旋乃组织孔圣纪念会。丁祭之日，日本领事参加，全浙官吏无一至者，此诚一憾事也。

> 津桥事变起仓皇，猿鹤虫沙同一劫。
>
> 轧轧机声天上飞，长安轰炸施威胁。
>
> 伤心惨目血盈街，何止区区摧我业。
>
> 淞沪撤军浙动摇，万人空巷惊无法。

妻孥一舸到余杭，道阅友书心更怯。

寻得洞霄宫地幽，桃源权作避兵甲。

蒙尘天子话前朝，羽士樵夫和气协。

大涤栖真金筑坪，游览不怕山径狭。

山下前行遇铁蹄，全身搜毕索鸡鸭。

善言脱险得回宫，便想别枝谋安插。

风雪连朝未肯休，梦魂每苦如羁押。

芒鞋竹杖路迢迢，老小奔波呼力乏。

进退胸中如乱麻，中途暂住绿村峡。

经旬风味极难尝，脱却羊裘重跋涉。

六渚夜逢好健儿，微明代唤舟一叶。

舟过窄水响隆隆，弹落面前心战慑。

直上严关问酒帘，偶见邻妇泪棲睫。

一帆风顺达兰溪，访旧不逢乡曲侠。

再进一程甫抵金，天空肆虐炸声叠。

飞来弹片近身边，松下全家伏地贴。

遭受此惊不敢留，芙城百二商姬妾。

拼条老命首前奔，半路犹夸双脚捷。

一饭莫怜腹耐饥，太阳岭上香生颊。

横溪歇店卧牛衣，睡眼蒙胧看苫箧。

寻巢山僻到芦塘，屋小如舟意不惬。

饮食异宜剑浦同，驮龙岩下歌《长铗》。

越中老仆报安宁，餐风饮露再投越。

张家岙里借枝棲，战讯传来犹恍惚。

差幸攀龙慰寂寥，隐修庵看北山笋。

清明祭扫动归思，沪妹贻书催出发。

坐困山中生计穷，欲求出路春三月。

甬江取道上楼船，儿女初来销金窟。

想起孚威信守坚，羞惭微命托黄歇。

番街比昔更繁华，梦死醉生竞勃勃。

国破何心去效颦，黜奢崇俭戒荒悖。

丁丑，卢沟桥事变延及淞沪，日机轰炸长安，予之丝厂停业。迨国军西撤沪杭铁路，昭于恐慌状态，予不得不作避难之举。函向杭余公司索汽车，已不复可得，且促予速行。乃唤舟至余杭洞霄宫，住方丈。相传该方丈为南宋康王蒙尘而建，地点幽僻，大涤、棲真两洞，天然防空壕也，予方视为桃源。

不意居两月后，山下闲行，竟遇日军，横受搜索，始不敢再留。于二十七年正月初，冒风雨雪向上游谋一较安之处。田边一宿，村中父老陈前进更危之说。复折回，道遇少额退兵，谓予曰："逃难祗有向前，无退后之道。"肩夫将行季掷诸道旁，山中四顾茫茫，但求有门，便即投止。遂在绿村坞张姓家求宿焉，约十余日，饮食起居都感困难，重寻出路。日行八十里，达六渚，夕阳下矣。叩一乡长陈姓之门而息足焉。遇第九师士兵，一黄姓代唤一舟。次晨，登舟抵窄溪，舟前落一炸弹，水为之黑，鱼为之浮惊。甚晚抵严东关，登岸，问胡亨茂酒家，冀与胡芷香旧友一晤，不获。适遇乡邻王姓妇，为道流离之苦，泪眼盈盈，惺惺相惜而已。

越两日至兰溪，市况萧条，访友不遇。正徘徊间，而警报声作。复回舟，促舟子上金华。次日近午，甫达金华车站，天空机声轧轧，率家人舍舟而入松林。砰然一声，弹片离身祇丈许。伏地起，视全家无恙。绕道过金华城，日机又两至。夜宿旅舍，有创议至浦江者，计陆路一百二十里。问室人能行否，咸曰："能。"予奋身先导，同伴居绪乾殿焉。天微明起程，至晡犹未得食，盖山中无处为炊也。及登太阳岭，其最高峰有一金浦亭（金华、浦江分界处），亭内有老妪售双弓米，饥者易为食，各谋一饱。而下岭达横溪，日又西下，投一柳姓歇店，卧牛衣中。环顾来者，皆赳赳武夫，脑海中存旧小说印象，深虑意外，不敢入睡乡。翌晨入浦江城，一无相识，修书询故人子（陈景銮子天民），思投焉。获其家覆，称已赴湘。乃赁卢塘赵芜居也。风俗异宜，大有欧阳子《送杨寘序》中剑浦状。

越中仆来，述绍兴匕鬯无惊，请往越。乃自金华郑家坞乘夜车抵临浦，雇舟，尽一日一夜之久至张家岙，住高鹏年家。高邀往北山隐修庵一游。时清明节，见祭扫依然，不无思家之感。

越半月，沪妹遣役持书来迎。默念山中生活虽俭约，亦不能持久，遂取道甬江来沪。对吴佩孚不入租界之说，似深愧赧。眼看丧心病狂者，犹复醉生梦死，置国难于脑后，甚可哀也。予戒家人凡娱乐场所不得涉足，此予避难经过之大略也。其详见沿路所咏绝句中。

守身如玉口如瓶，还有新人来唐突。
企慕良殷书一封，阙然不报甘薇蕨。

临门劝驾再而三，辞以衰朽乞骸骨。

多少旧交多绝交，不通只字矧干谒。

索居愿学坐关僧，利禄腥膻非老悖。

薏苡来南马伏波，浙东谤语犹飘忽。

平生气节傲王侯，南北两京耻出没。

事实胜于辩滔滔，行藏遗憾无毫发。

永康慰藉互钦崇，素性如斯乌足伐。

予抵沪时，正维新政府组织之始。突来一书，内称此间企慕良殷，深为骇然。不数日，又有人登门相邀至，再而三辞以衰老，但冀保首领以殁世，其他非所愿。闻有友知予与新贵等颇多相识，要求说项。甚谓："所新贵得予一纸书，如得珍宝，决无不允之事。"予则始终拒绝。无如枯井，虽然不波，而浙东谣诼不已，有谓任浙伪府秘书长者，有谓任浙伪厅民政长者。予一度声明，曾参杀人其说仍不能免。迨有友人由沪回浙东，将予近状详告，永康始来一函，有"清风亮节，当局诸公交致钦崇"云云。但予亦不过人格自尊而已。

一事累人逋负累，身如落水难登岸。

幸灾乐祸何其稠，祇望黄昏不望旦。

百万茧丝几处藏，或遭乾没或价半。

或偷或掠或焚烧，忍痛在心泪眼看。

收债今非薛邑冯，敲门时作奈何唤。

乞情谈判勉清偿，都是个人心血换。

竖子何知偏布逭，逍遥还道申江畔。

室笼人鸟怒冲冠，查办曾提自请案。

予经营丝茧业，逋负约五十万元。避难后，海宁县长王翦波，即伪为予托将予厂丝六十六担派兵赴运桐庐。经予电请地方银行监视，该行又擅自运销。予收秋茧分堆两处，一许村通和仁，一周王庙寅记新。通和仁之茧被国军退却时烧去大多数，其烬余，则偷窃以零售对江者有之，劫掠以运售上海者有之。寅记新之茧为长安维持会全部装去，由该会缫土丝者有之，由双山制丝所乾没者又有之。至厂中春茧原堆高阳小庐（即予住宅），为日伪觊觎，忍痛售于谭裕卿（杨赓伯经手），仅得半价，以之偿债，尚苦不足。几费唇舌，或减或免，勉强清楚。而浙东不谅，犹于新闻纸上大肆污蔑，谓予"携带巨款，逍遥沪上"。予愤，甚自请政府查办，以明实在。

> 不羡人家国难财，长甘苦守终穷汉。
> 前车既覆后心灰，卷土为谁重复干。
> 浙东购茧费心机，不取丝毫别有算。
> 同业职工半难胞，饥寒那有黄金散。
> 劳资合作计诚良，得此也堪救离乱。
> 曲逆河南远在渝，其艰独任勤宵旰。
> 夏初发动迄残冬，舌战笔争告一段。

是年，丝茧奇涨，开从来未有之纪元。沪上厂商大发其财，有千余万者，有数百万者，有十万者。予则闭门苦守。一忆上年所存丝（一百零一担），茧（五百七十担）仅售十余万元，倘储至近日亦可得一百六十余万，不无心灰。然浙东购茧，浙西迁沪。各厂以丝茧联会主持者陈其业、褚辅成远在重庆，祇予一人留沪，求予设法争购。予粒茧不取，仅代同业购得二千五百担，聊救各厂职工之生活。自夏迄冬始告一段落。

> 甘苦一生孰喻之，龙门自序聊吐气。
> 老夫原是可怜虫，自少而老毋庸讳。
> 历劫遭磨重复重，祸由都在戆无畏。
> 为民为国屡牺牲，羞学投机求富贵。
> 两浙齐呼不倒翁，抚躬自问真无谓。
> 暮年竞劝乐樵渔，大难临头四海沸。
> 到处为家已九迁，避秦谙尽流离味。
> 移花接木抚儿孙，膝下依依强自慰。
> 世道人心大变更，黄巾又出自家室。
> 傥来之物傥来亡，身外区区奚必恤。
> 可恨万言手自编，千金敝帚尽销失。
> 河山还我早与迟，老去江郎非旧笔。

梓乡损失予家最重，以日军鸠居故也。日军迁出后，又遭看守者之自盗。物品姑不必论，最可恨者，予一生心血所著诗文稿件，全遭遗失。曾有诗句云："可怜呕尽心头血，都付空前浩劫时。"

> 又恨受托重千钧，满斋文牍百无一。
> 虎头筑路枉艰辛，虏骑驰驱雷电疾。
> 种树乘凉凉孰乘，供人利用悔自桎。

杭海公路为陆军少将顾乃斌所筑。顾卒后，一切事件公推由予主持。股款二十余万亏欠十余万，所有文件账据全被日伪毁灭。该路又供日方调军之用，沿路村落大遭蹂躏，是又一恨事也。

何年国事好澄清，上下齐心胜乃必。
今岁已如过隙驹，客中稳渡算逢吉。
头虽愈白心犹雄，日夜何尝忘七七。
天假我年非偶然，如何辜负贪安逸。
古今豪杰大名垂，多半精神磨炼出。
君不见，
渭水之阳一钓竿，鹰扬奏绩逾八秩。
我年六六视犹轻，力补蹉跎正此日。

又附六律：

六六年华容易过，今朝又唱诞辰歌。
四回党狱纵昭雪，十载议坛已逝波。
经济无才成绩少，文章遭忌直言多。
等闲头白休悲切，寿补蹉跎钓渭蓑。

置身乱世怕空名，如我何关重与轻。
令伯偏遭逋慢责，灵均横被谤谗倾。
不随风作墙头草，祇效春藏谷口莺。
国难当前便避地，问心毕竟是偷生。

一言身世泪成堆，老境凄凉风雨哀。
子女已随流水去，儿孙都是借花来。

挑灯纵有红颜伴，对境还愁白发催。
况值乱离颠沛日，何心共醉夜光杯。

人间何处是桃源，托命夷场懒欲言。
天假残年增屈辱，地遭浩劫剩平原。
睁开老眼看新局，耻逐厚颜返故园。
忽忽流亡三两载，依然枉自厌尘喧。

老当益壮语何豪，千古英雄重尽劳。
乳臭岂能担大任，鬓斑犹想挽狂涛。
时逢世变需才急，事到途歧见节高。
去日苦多来日少，未容暇逸属吾曹。

去岁飞觞大雅楼，门生故旧慰添筹。
圣湖抛弃青衫湿，歇浦追随白帽游。
风景不殊愁举目，潮声如泣诉从头。
盛筵循例今言再，总算暮年福尚修。

庚辰六十七 十二律

（一）

人到暮年感慨多，我生况复难中过。

浮名四度遭猜忌，^①直笔几回受折磨。^②

①（一）前清秀才；（二）浙江省议员；（三）浙江政治分会秘书长；（四）浙江国医分馆馆长。

②（一）《省钟报》；（二）《良言报》；（三）《杭州报》。予主笔政，屡遭文字狱。

谙尽世间牢狱味，^③愁闻海上管弦歌。

③（一）前清儒学衙门；（二）拱埠巡捕房；（三）杭地方法院看守所（凡四次）；（四）宪兵司令部；（五）都督府；（六）陆军监狱；（七）省政府；（八）保安处。

如今避地甘沈寂，犹有流言古井波。①

① 曾被报纸两次诬诋。

（二）

此是空前浩劫时，流离颠沛泪如丝。
放怀天地何其窄，回顾家山莫可思。
尽让霜经枫绚烂，不随风倒竹撑持。
自来文士多哀感，凄绝江南庾信词。

（三）

年华七十仅悭三，总算苍天厚泽覃。
昆弟八人剩我在，儿孙两代舍谁担。
退园小筑情难问，②孤岛久居愿岂甘。

② 予昔年在乡筑一退园，含有退老林泉之意。今他人入室矣。

少壮等闲头已白，未能纾难更怀惭。

（四）

何处桃源别有天，春申托足也堪怜。
惊风骇浪心同鹿，③珠米桂薪腹异蝉。

③ 指租界恐怖事件。

恶客欲除频费口，^①良朋作伴亦增肩。^②

①有徐姓房客，十三个月不给租金（每月三十八元）。
屡与交涉，又贴四个月搬移费，始迁出。

②指居家。

满腔怨愤凭谁诉，祇好杜门学老禅。

（五）

故乡一别忽三年，闻道乡间异昔前。
沿路已无乔木荫，^③满村常有火花烟。^④

③铁道两旁树木全被砍去。

④遇有事，乡村中变动遭焚毁。

家豚身值便成罪，^⑤野犬尾摇孰肯怜。^⑥

⑤乡人售一猪，得值，即被掳勒。

⑥人且不得食，遑论畜犬。

如此凄悲状况下，令人回想欲呼天。

（六）

一生勤俭始成家，清白乃躬敢自夸。
说客牢笼羞点缀，①娇儿濡染怕繁华。②

①予为省议员时提出浙江地方实业银行分股案。有某君以金钱作点缀之说进，冀箝予口，予力拒之。

②予儿冠臣有同学邀来上海求学。予以上海繁华，非青年读书地，不允。儿怏怏，卒因此病卒于杭。

中年赖妇才称健，③晚岁望孙愿较奢。

③予向不问家事，概由朱氏继室主持，今朱氏亡矣。

国难临头偏到此，问心遗憾永无涯。④

④避难到沪，回想冠儿不无感触。且全家大小已略染上海习气，甚憾之。

（七）

公私两字辨分明，到老犹传戆直名。

仗义拼同权贵斗，^①论财耻与性贪争。^②

① （一）拒发省府狂增政费（时予任财会秘书长）；（二）通缉建厅垄断秋茧；（三）函诘内长，玩视旱灾；（四）请扣市府移沪公款。

② 予寓湫隘，茧联会同人议决，以五千金为予作顶屋之费。予调解甬茧案深感困难，悉将此费贴补之。

身无媚骨才难展，^③腹有侠肠祸易撄。^④

③ 五入政界，不肯敷衍当局，均未满一年自动辞职。

④ 屡次入狱，无一私事。

潦倒穷愁仍似昨，几曾训负董先生。^⑤

⑤ 指正谊、明道两语。

（八）

半是愁中半病中，全家无语怨东风。
割烹炊灶夫人婢，^⑥洒扫应门老汉僮。^⑦

⑥ 日常炊饮事宜均二姬亲自工作。

⑦ 寓无仆役，予亦勉为承之。

筇杖欲游畏道险，^①药炉相对怕囊空。^②

①满拟携杖出游，而汽车往来如织。遂杜门不敢出。

②药材奇贵，家人又多病。非至不得已时，不服药。

生涯此日言难尽，视作当年囹圄同。^③

③来此三年，非有事故，从不出户。

（九）

匹夫应与国兴亡，惭愧避秦外力场。
岂有英雄图自免，从无豪杰仰人忙。
澄清击楫言犹在，出入呼庭誓不忘。
乱世苟全偷性命，留身以待视南阳。

（十）

疏狂生性背时宜，三十年来事事奇。
每被羁囚便政变，^④历经挫折更名驰。

④予入狱一回，浙江政局必变一回。此真咄咄怪事。

辟邪字类钟馗画，^①已病书同杜甫诗。^②

①予不善书，然乡间有悬予所书楹联于家者，便可免近来种种苛扰。原因何在，匪予所思。

②同乡某君，偶营纱业，惨遭失败，债逼而病，经予作书邀友调解，病即霍然。

碌碌微躯何足道，动关气节辄坚持。

（十一）

不商不仕不耕身，落拓青衫坐食贫。
看彼营营徒自缚，嗟吾默默孰知真。
及门谬托怀疑甚，^③诸阮荒唐受累频。^④

③杭州来友，称近有冒称门徒者，不知是何作用。

④乡间侄辈均不上进，有来乞借者、有来谋事者，并有变卖田产、嗜酒好赌者。近一弟妇两侄媳前来泣告。

到处干戈犹未息，如何言老署闲人。^⑤

⑤予自署西湖闲人。

（十二）

故旧门生载酒来，竞相慰藉劝衔杯。

六桥韵事随流水，①三郡豪华付劫灰。②

①二十六年前，予每年生日，杭友诗酒言欢，颇感兴趣。今寓沪上，大非昔比矣。

②杭、嘉、湖三旧府属，均已沦陷。

更有何心言兕酌，不堪含泪话鸿哀。
行年六七都虚度，欲补蹉跎云雾开。

辛巳六十八　调寄望江南

六旬八，年近古来稀。

忧患饱经嗟自苦，兴亡屡阅耻人依。

独坐泪常挥。

六旬八，国难几时休。

锦绣故乡归未得，网罗孤岛苦相留。

屈指四春秋。

六旬八，到此便为家。

膝下桐枝长似笋，眼前桃叶瘦于花。

客至辄相哗。

小孙长如成人，而两姬憔悴，迥异畴昔矣。

六旬八，痛苦莫如今。

满地棘荆难立足，及门桃李具深心。

时势造成林。

乡间商人横受压迫，入门求援者，纷至沓来。

六旬八，遇害记青田。

卖主求生有部下，省亲速死走湖边。

遗恨永绵绵。

本年秋，曾撰一《夏定侯遇害记》。

六旬八，物价值狂增。

八口谋生原受迫，一身排泄也遭惩。

恨杀黑心朋。

粮食固奇涨矣，而厕纸亦贵至十倍以上。原因全在囤积。

六旬八，无事可从公。

茧运既遭封销雾，丝交又遇打船风。

坐吃怕山空。

予忝为丝茧联会主持人，而茧则内地不能运沪，丝则沪亦无船出口。

六旬八，松柏甫如拳。

献媚奸徒常注目，藉词侄辈复垂涎。

濯濯泣新阡。

先严新坟种树，甫近十年。今已斫卖尽矣。

六旬八，信笔乱涂鸦。

求者踵门都有意，得之补壁便驱邪。

谁复问瑜瑕。

予不善书，而予之楹联可以免祸，求者因之日众。

六旬八，残杀耳频闻。

不问是非判一死，要分泾渭乞三军。

还算重斯文。

门下某生被逮，行将判死。得予一书而免。

六旬八，金价日欣荣。

莫谓峰登天可接，应思潮落水仍平。

得失不须争。

予售金饰后，金价狂涨。室人交谪，予处之泰然。

六旬八，亲族蛀虫多。

依赖干求恒不绝，觊觎攫取竟任诃。

日曰闷中过。

六旬八，术者妄言乎。
七二难关未易度，百千要事尚相须。
宜速及时图。

六旬八，满望早言旋。
晚节坚持甘自苦，残棋收拾待谁贤。
亟起着鞭先。

六旬八，双十又来临。
门下生徒情倍至，室中宾客座难寻。
歉抱屋舟深。

予生辰，门下客多而屋小如舟，几无容足地。

六旬八，苦尽自甘来。
连岁曾叨郇馔赐，明年预约孔樽开。
互庆饮三杯。

壬午六十九　十律

六九生辰转瞬将届，沪、杭道上旧雨新知，闻有为予称觞之举。值此流离时代，哀鸿遍野，予何人斯？不能挽救万一，已愧偷生，岂敢言寿？爰口占十律聊以言怀，并辞盛意。不计工拙，亦不援例索和，请大家看看而已。

（一）

此生时作不平鸣，赢得狂名朝野惊。

少喜遨游交俊杰，[①]晚惭延揽屈豪英。[②]

①黄克强、陈英士、蒋伯器诸君，当初时相往来。

②蒋百里、沈玄庐、刘大白诸君，予主《杭州报》笔政时，曾请相助。

一枝秃笔褫奸魄，几度幽囚见友情。

忽忽年华今六九，回头自觉欠聪明。

（二）

莫将旧恨再重提，且把新愁和泪题。

远道故人音雁断，同乡好友色猿凄。

縠中彭泽腰羞折，胯下淮阴首忍低。

锦绣家园归未得，朝朝坐待夕阳西。

（三）

五年为客沪江头，西望杭州涕泪流。

奴辈都随新主去，朋侪难得故园留。

燕巢姓易归何往，[①]鹤冢灵迁虑未周。[②]

①予杭州所居之单姓大厦，今已易主。归去须另行赁屋。

②故友王孚川原葬古荡公墓，上年被掘，幸尸骨尚未暴露。经杭友函告，即托人设法迁葬。惜未躬亲，其事甚抱谦忱。

长此远离增感慨，湖山犹是旧时不。

（四）

如此艰难万状中，谁甘孤岛作侨公。

米煤须入长跎阵，坐卧都关小鸟笼。

势似潮高惊物贵，时逢雾重哭途穷。

人生乐趣消除尽，悔不当初从赤松。[③]

③予初避难在临安洞霄宫。今该方丈尚无恙，故作是语。

（五）

门生故旧重微名，三字居然到处迎。

我本退藏度晚岁，人偏借助作先声。

文章有用嗟为累，①经济无能愧不情。②

①笔墨事几无暇日。

②近来沪、杭、长、硖各地组织新事业者，辄列予名于发起人。虽不强予投资而予则抱愧实深。

多少新兴商业好，非关气节总期成。

（六）

传来消息说吾家，人去楼空风雨加。

四壁图书生翅翼，③一园花木变茄瓜。④

③家中书画损失不少。

④园丁对于花木任其枯死，而改种瓜茄小菜等，以图利。

猫同鼠睡真难问，⑤狐假虎威妄自夸。⑥

⑤古玩红木器具等，有由日人取去者，亦有非日人取去而托日人者，其情不堪究诘。

⑥先后入居予家者，不一其人，予不便一一过问。若辈反自鸣得意。

得失世间成底事，达观且作静无哗。

（七）

一场浩劫叹空前，死别生离几万千。

异地愁闻风险恶，深闺怕见月团圆。

人谁不下相思泪，我独无求又享年。

况复全家朝夕共，流亡也合感苍天。

（八）

一身辛苦为谁忙，多半牺牲在地方。

过去原同长孺慕，老来未减次公狂。

安排好景栽桃李，乞借新阴护梓桑。

天假我年良有以，岂容虚度诿昏黄。

（九）

举目番街也变迁，金迷纸醉尚依然。①

① 今日之上海已非昔比，而游艺场所兴复，不减一叹。

问他狂乐心何在，顾我穷愁涕欲涟。

憔悴姬姜充灶下，凄凉儿女课灯前。

繁华如梦曾先觉，那得人间别有天。

（十）

六旬初度酒筵开，曾记朋从结队来。

容易十年弹指过，最难万事把头抬。

谋生处处横遭劫，偷活期期浪费财。

多谢诸君情意厚，称觞且待故乡回。

癸未七十　八律

（一）

我已人间七十翁，无言无德又无功。

纵然朝野知名久，犹是诗书守道穷。

桃李栽来容雅俗，[①]沧桑阅尽话雌雄。

①门下士有能诗文、能书画者，亦有不知文墨为何物者。

壮心如昨头先白，惭愧偷生避乱中。

（二）

喧嚣城市话春申，认作桃源错问津。

不喜诣人贪客至，翻惭为客仰人频。[②]

②客有事见委，不得不仰人处理，然纷至沓来，予亦未免取人之厌。

饭钟已打未充肚，^①卧榻方横便起身。^②

①客多时，留膳为难。待客去，而肚饥已不堪矣。

②予向以午睡调剂精神，近则此习几为客取消。

回忆山中真寂静，^③无端到此苦精神。

③予避临安、浦江等山中，无客来往，颇安逸。

（三）

节劳一语感良医，^④见谅如今有阿谁。

④予年老多病，医生谓："劳苦所致，宜节劳。"

多少新知须借重，^⑤往来旧好要扶危。^⑥

⑤各处新事业强予加入，以求稍获安全。

⑥乡间种种予力所能及，无不为之斡旋。

工商事业凭争取，^⑦乡里安宁费护持。

⑦指浙江丝厂收回事。

莫道年高应暇逸，老而不作待何时。^⑧

⑧少年不作，犹得曰："待至异日。老则无可待也。"

（四）

歇浦流亡已六年，还家未得倍凄然。
几经构造为人用，^①聊借枝栖不我怜。^②

①予于乡间所筑园宅俱为他人占据。

②此间租赁之屋，今夏发生讼案。

腕下文章声掷地，^③眼前货物价登天。

③予性戆，文亦如之。虽勉事敛抑，而阅者犹谓太露锋芒。

生逢乱世忧如捣，更有何心听管弦。^④

④女弟子桑一鸣登台，邀予视剧，未往也。

（五）

敲门疑是客人来，一见茫然口便开。^⑤

⑤来者若相识，若不相识，正欲问彼姓名，而彼已开口言借。

假托远游请惠助，备陈近困望矜哀。
解囊相赠犹嫌少，索刺而行不复回。^⑥

⑥有冒称故人子借款外，复索名刺求介绍他处，或借贷，或抖售货物。此等人闻有组织，往往一去不复来。

累我常常兼累友，怕闻两字是通财。

（六）

一病相如秋雨濛，乞灵草木耗青铜。①

①予病甚，医者进补剂用吉林人参。

传来蟹状魂难定，听到鸡声耳欲聋。
老境偏从忙里过，好音惟有梦中通。
容颜憔悴今尤甚，对镜自怜白发翁。

（七）

老来犹似少年时，衰朽那甘说自知。
不怕联多晨作字，②每嫌暇少夜吟诗。

②予不善书，而索书者别有作用，几于无日无之，甚至有时须书至数十联之多。

论交前辈嗟无几，劝诫后生信有之。③

③事变，后生举动大非昔比，予每以"勤俭"两字劝之。

狂态依然嗤故我，试看满面未留髭。

（八）

培养人材用意深，去年教育酿基金。①

①去年六九生日，友好循例欲为予庆七十寿，予力持不可，乃化礼物为教育基金，存保管会。三十五年，拨充周镇小学校具费。

雅蒙友爱鸿囊解，耻逐豪华兕酒斟。
未死不妨稍静待，有生何必急欢寻。
漫漫长夜终须旦，归去称觞日渐临。

甲申七十一 五古五百韵

我命抑何苦，少不蒙天祐。

已读十年书，頻宫员未补。①

①十八岁应童子试，未获售。

母病急娶妻，②转眼庄盆鼓。③

②俗例，父母患病，为儿辈娶妻，谓之冲喜。家父循例为我娶同邑周氏女。

③周氏来嫔仅六阅月，即病亡。

母病仍不痊，痛哉秋作古。④

④生母陈太夫人于八月间弃养。

我未弱冠年，父命守门户。

同胞忝吹埙，仲氏随父贾。

父业在修川，无暇顾场圃。①

①家父在长安开设萃泰米店，家店相隔约十里许。所有田地雇一长工，命我主持。

两弟留在家，都要阿兄抚。②

②家母亡时，四弟龙宾仅七岁。

灶婢兼塾师，日夜泪咽肚。③

③长工耕作，须我举炊。兼课两弟读。

待得继母来，为我具修脯。④

④二十一岁继母沈太夫人言于父，乃出外从师。

就傅后洋王，⑤诗文渐可睹。

⑤王菊舫夫子家在后洋。

廿二撷芹芬，小试气方吐。⑥

⑥第一次小试不售，遭人奚落，故云。

三载馆琅邪，⑦录录无足数。

⑦斜桥王氏。

一度踏槐黄，名与孙山伍。

弃儒学鸥夷，奔走金衢府。[①]

①二十六岁在周王庙开设元泰布庄，自往金、兰、衢、江、常等处销售。

布贩重黄金，袖短不善舞。[②]

②布庄需要三项资金，一货在途中，二赊与布店，三留在本庄活动。

依旧坐青毡，新章遵学部。[③]

③布庄让人在周王庙办一开明小学。

尔时匪横行，鱼肉在乡土。[④]

④其时青帮郑道江、方老窝子等，横行杭、嘉、湖地方。我周王庙有一高姓入其伙，遂亦大遭蹂躏。

义作不平呼，反被宰官侮。
斥我出胶庠，索我用豺虎。
黑夜望门投，得未为因虏。[⑤]

⑤是年八月十八潮日，臬司李希杰来宁祭潮。州牧郑汝骏以我为张姓拟一七，不得不读。催呈，并在抚藩臬署控其纵匪，衔之，暗送一稿，请李拿办。李回省即下令拿我，令中有"许某横行乡里，人皆侧目。高某案来司妄控，实属有玷胶庠，着即拿办"云云。郑据以拘我，发押学署。我脱逃后，复出示招告，详革衣顶，并于监狱中释放恶棍，命捉我。冀得我而甘心。

逃匿非良谋，再向书中努。

一舸抵杭州，考入高师组。①

① 避匿斜桥岳家三阅月。适浙江高等学堂招考，我与王景韶同舟至杭，考入完全师范科，肄业焉。

变名取卦谦，白云本我祖。②

② 原名葆光，改名祖谦。

三十为学徒，昂昂首是俯。

毕业无枝依，沦落杭与沪。

老友惜我才，荐举至公辅。

军政两机关，虚名挂文武。③

③ 高校毕业后，谋事辄阻。老友杭辛斋与浙抚增韫有交，为我先容得两差，月薪各二十两。一、农工商矿局汤汝和观察委我一书记官。一、陆军小学堂王燮阳总办委我一编辑员。

不惯辕门趋，让与穆主簿。④

④ 前清每月朔望，凡在职及候补人员均须向抚藩两署禀见禀安，我名亦常见报端。辕门钞耻之，乃将书记官差让与穆克德春。穆克德春，旗人也。

瓯郡电殷殷，重整我旗鼓。⑤

⑤ 温州师范学堂缺一心理学教员，有同学知《高等学堂心理学讲议》系我所编辑，乃来电相聘。

忽忽一学期，教育事太腐。

千里远乘槎，英雄髀空拊。

沧海感横流，归来正端午。

高卧北窗阴，日暮吟梁父。

看看国事非，吞声少陵杜。

倚仗笔一枝，振聩发聋瞽。

报名《白话新》，秦疏杭是亲。

　　由瓯回杭，与秦瑾生（钟瑞）在三元坊合办一《浙江白话报》。不数月，孙庑才（智敏）太史案发生。杭辛斋邀我改组《浙江白话新报》。我从之，与秦脱离，而《白话报》亦停版。

大胆议清政，直声震海滨。

还可贾余勇，《西湖》闲写真。

　　时有举人费恕皆（有容）办一《潮声报》，专纪北里事。我友萧文昭之子任钦以为酒后茶余，颇感兴趣，促我于《白话新报》之外添办一《西湖报》。我徇其请，略仿费之体，费见之嘉许，赠我一诗，有"古来才子笔，毕竟属高阳"一联。

谬称才子笔，且效长房蓥。

一夕瓜山宴，印花酿祸因。

读书不读律，网密气难伸。

官里捉将去，三审经两旬。

厅丞念旧执，还我不羁身。

　　拱北百里香校书诉一楼姓欠赀案，席间谈及诉状须购贴印花。我以报馆印刷局承印诉讼印花，即携数纸赠之。审厅以此项印花未有针孔及胶，问："何来？"该校书以我对，乃传我发押捕房。初级审厅推检朱甘霖、凌鼎，我友也，均回避。由地方厅派员讯问，竟判刑期。钱塘初级厅长陈福民代我拟状上诉，不料地厅仍以拾得遗失物论罪。检察长狄梁孙重我名，提起公诉，密遣书记官戴祖棠同乡知我，我念高等厅丞章樾，曾长海宁塘工局，系旧相识。乃上一书，即蒙传看守所长屠某，谕令缴款二百元保释。结果处罚二十余元了案，总计三审仅二十一日。

笔政有人继，何庸再问津。

一帜谋别树，任性摇其唇。

印花案发后，《白话新报》编辑即由朱舜五（谦）代，我不便使朱赋闲。遂与杭之佢卓英，别办一《省钟报》。

武昌义旗举，响应敢因循。

《省钟报》鼓吹革命最起劲。统制萧星垣日日派中军官傅立纲来问安，名虽联络，实监视也。

风声浙甚恶，官眷先走申。

《省钟》肆抨击，城抬太太巡。

浙抚增韫家眷携箱件乘车赴沪。我撰一《先去以为民望论》责之，马绪卿则撰一《何不抬出太太来》以明之。短评刊布《省钟报》。增果电沪追回眷属，用轿抬巡上下城，以示未行。

吴山有大炮，昼去夜则陈。

自得黄门告，狂同吠犬猘。

新军齐起哄，罪我词振振。

大体宏农识，暗令速避秦。

来复期未逮，疆臣作逐臣。

据潘树芬密告，城隍山夜架一大炮，对二标新军营，天明则移去。我披露报端后，新军几酿事。增抚大怒，命新军全体登山视察。一面传巡警道杨味春（士燮）入署，谕令捕我，加我以煽惑军心罪，就地正法。杨拒之曰："许某是革命党，杀之，事发也速，于大帅亦不利。许某非革命党，杀之，则害一文人，于心何安？"增怒犹未息。杨曰："此事可由袁道去办。"是时，督练公所总参议袁巽初（思永）观察亦在座。增目视袁，袁曰："杨道所说尚有理。"抚署总文案恽毓珂观察亦然杨说。杨退回总局，立召宗阳宫巡官刘纪正至，问以识许某否。刘对曰："相识久矣。"杨语以抚署情形，谓："虽以抬杠下来，尚虑莫测，赶速通知许某，苟全性命，离去杭城。"刘乘一人力车来报馆言如此如此，不容我片刻留。我乃急走拱北。次日满城喧传，增抚要杀许某。杨则降调温处道，而以温处道郭筱麓（则沄）调全省巡警道。郭未到任，浙已光复。杨安然全眷赴沪，至增被拘于福建会馆，眷属竟有不知下落者。杭辛斋往见增。增语之曰："我在浙多年，纵无大功德，要亦无大罪恶。为我告革命军，稍留余地。"杭据以商之。都督汤寿潜乃备专车护送至沪。

朋侪居要职，相率守清贫。

周承菼为总司令，褚辅成为民政司长，高尔登为财政司长。其时大小官员概支二十元薪，亦云廉矣。

　　喉舌当时重，直言有《汉民》。
　　相邀评月旦，推荐邵青春。
　　似我一无讳，笔尖批逆鳞。
　　邵因先入狱，同辈共酸辛。

杭辛斋创办《汉民日报》，邀我相助，我举邵飘萍（锡康）代。邵系高校同学，平时与我通信。杭见具笔墨，大为称许。到报馆后，言论辄似我，罔所顾忌。因此开罪于虞廷恺、许畏三等，旋被逮。后在北京办报，为潘复等所害，王士珍救之不及，直言招祸如此。

　　独立沪宁檄，浙会喜逢辰。
　　具书促当局，三长罪维均。
　　偏偏拿办令，鼓煽指两人。
　　我已被收捕，任子还来询。
　　都道议员误，丰骨太崚岣。
　　兵解过市巷，儿童喊杀频。
　　三人拘一室，算是爱乡绅。
　　夜谈诸挫败，相对泪盈巾。
　　拼把头颅送，浑忘发千钧。
　　还家徒有梦，定省缺昏晨。
　　邵事私嫌释，临行话旅尘。
　　我关军务紧，都虑项城瞋。

状请厅再审，批认非等伦。

法曹权不属，移送即经纶。

昨失文人侣，今多武士邻。

狱中书屡上，兴武若恂恂。

几度军门鞫，无心害怕仁。

待时刑告缓，延见视如宾。

莫步庐江踵，归去善自珍。

聆斯相劝语，同诺暂隐沦。

　　自袁世凯嗾武士英暗杀宋教仁案发后，沪（陈其美）、宁（黄兴）独立，广东陈炯明、江西李烈均、安徽柏文蔚、福建孙道仁、湖南谭延闿相继响应，兴师讨袁。独浙江都督朱瑞仍在观望中。浙议会议长莫永贞，本民党中坚人物，邀集在省议员开会，上书朱督，要求独立。具名者十六人，除莫与两副议长刘焜、朱益敷外，首列我名。我与省城卫戍司令张载阳有交，复贻书，促张行动，原书均刊布各报。

　　事败后，朱督奉袁令，挈办党人。莫则亡命海外，刘则以别党关系得无恙，朱则早回籍。我由家到杭，车中遇陆干臣（殿魁）。陆进谒朱，朱问："有何人同来？"陆以我对。朱曰："汝与此人有交耶？"陆愕然，退走告我，犹未知其言之大有故也。是日晚，宪兵司令部有副官姓朱者来寓，说司令官请。我异之，厉声曰："公事耶？私事耶？公事则请出公文来，私事请司令官自来。"朱瞠目不能答，说容回去问明再来。我见朱去，即打一电话问张载阳，张回电话中不便谈，已派书记官汪培三（以德）来矣。汪至，促我速避。我从后门出，为武装者拦住，乃待朱来，同往司令部。问何事，朱仍答不知。盖督署参谋长金梁园（华林）仅面谕宪兵司令官速拏我，故司令部人完全模糊也。直至任凤冈捕到，始下公文。

我在司令部两日，一无动静。第三日昏黄，祇听得喊点灯，喊排队出发。到城站越半小时，又听得有人咬咬，要打电话向朱督说话，其声确是任凤冈，而未得见。一夜不入睡。后知任闻我被逮，来杭探询，下车即遭捕也。

次日午后，司令官王悦山（桂林）邀请谈话。则任先在座，王叙寒暄毕，出示总统拏办令，内开"据参陆两部密报，沪、宁独立一役，浙江鼓煽最有力者有许祖谦、任凤冈等，着即拏办，以绝乱源"云云。王言此事爱莫能助，请两位到军政执法处去。即命轿由军队荷枪押解。经过清河坊大街，一群儿童齐喊："看杀人去。"迨至看守所，逆料必无生理。守卫长吴云阶，海盐人也，见我及任，叹曰："两乡绅来此，自当格外优待。邵振青可否同居？"我以朋友同居极好答之，遂三人同羁一室。每至夜深，畅谈国事，均泪涔涔下。

旋提讯，军政执法处长章祖衡系一军人，大权尽在军法官孔某之手。孔竟撦拾浮言，几欲置我等于死地。幸陆宗舆、朱福诜及京、沪要人来电营救，始判处三年又六月刑期。我等案已无性命忧，而邵案亦解，得力于阮性存、孙世伟两人。邵见释，临别谓我曰："杭城不可居，此去将远行，萍踪无定。凡有函来署名飘萍者即我也。"自此少一良伴，两人颇寂寞。

又据朱督连襟吴良斋（赓廷）面述谓"介人（朱字）将于陆军监狱侧造一房屋，为两位执行地"。奈何我与朱素往来，在狱中上书凡十七次，均不见答。任本法律家，拟状请再审。

我念高等厅长王天木有乡谊，函请设法。不料该状批回，称案关军事，本厅未便受理，候移送都督府核办。

数日后，都督府派员迎提，即拘押府之东厢。屋极小，押犯全属军人台防。帮统包效忠为军人中之最高级者，其余连排长等而已。有吴子恒者湘籍，而久居吴兴埭溪镇，亦国事犯也，早可保释，以军法官太卖力，称既据探报探为何人，反问总统府致无可措，复搁置不理。我代拟一稿，由其妻电请即准释放。但自己案，朱督入觐，无从说起。吕戴之（公望）代理督篆，不便作主。直待朱自京回，组织军法会审，审判长吴璧华（钟溶），检察长王悦山（桂林）。形势紧张，令人生畏。吴言："今日开庭有利于两位，不妨直说。"并力劝国家大事匹夫虽亦与有责，也要当审度时机，切不可凭血气之勇，自蹈法网。其意似善。结果减轻刑期，宣告缓刑。

释放之日，朱命副官邀至客厅，曰："久不相见矣。此案当初非常严重。援救两位者固多，攻讦两位者亦有。予处两难地。觐见总统时，予曾力请党人毋庸深究，以示宽大。总统似有可意。予回浙，对于两位案始敢如此结束。处防统领何知章布告独立擎办保释后，有人在黎副总统处控告，使予难堪。予希望两位暂时离开杭州，免步何后。"我等即告辞。一场险恶风波总算不幸中之大幸。讯供详见当年《浙江公报》中。

> 任子桂林赴，我亦上燕京。
> 燕京多故旧，初到误地名。
> 投寓金台邸，不期遇止平。
> 坚邀往湖北，辞以无宦情。

任凤冈出狱，由广西督军陆干卿（荣廷）之子裕光师长函招，即赴桂林任第一师军法官职。我则得老友杭辛斋书，称"乡居抑郁，何妨来京一游，藉倾积愫"。杭寓敩家坑海昌会馆，书中草写"敩"字，我误读作"殷"字。入京，雇一人力车赴殷家坑，车夫半途问在何处，我茫然。问之路人，亦无知者。天将下雨，乃记及前次张载阳通函时，寓金台旅馆。遂命拉至西湖，沿该馆入门见浙江前候补知事吴琳在焉。吴系胡文藻旧属，胡新奉命任湖北财政厅长，一日财政部佥事张近仁来馆访胡，先遇我，立谈片刻，称胡之缺系伊所让云云。我语吴，吴以告。胡乃邀同往，我谢之，吴亦回浙。

> 季重识途马，指点极分明。
>
> 迁居敩家坑，故旧极欢迎。

我以殷家坑在何处问吴，吴答："北京无此地名，至海昌会馆则在敩家坑。"乃迁焉。同居者海宁人极多，崇德人亦有。

> 有时赴宴饮，有时听管笙。
>
> 有时游名胜，有时叱燕莺。
>
> 我是伤心客，处处泪暗倾。

到京后，同乡故旧，或设筵相待，或邀往听戏，或偕游名园故宫，或涉足花丛，几无暇日。但我心抑郁，勉强应酬。

> 京华冠盖满，位重品性轻。
>
> 藏我怀中刺，怕谒诸名卿。

是时，京中磕头打跧，未脱满清习气，我耻之。杭辛斋曰：

"北京本奴隶制造厂，体制如此，何羞恶为？"因此，即同乡三老，如钱干臣（能训）、孙幕韩（宝琦）、汪伯唐（大燮）等，我亦不愿投刺往见。

> 晨夕往还者，无非老同盟。
> 虎头方解甲，[1]城北不谈兵。[2]

[1] 宁波独立旅旅长顾乃斌亦以宁沪案革职，得总统府内史陈敬第太史力免入狱，时亦在京充陆军部咨议。

[2] 同乡徐华贤（卓）自团长免职后，亦寓京。

> 老友闭门坐，悲愤似贾生。[3]

[3] 众议员杭辛斋，国会解散后，尚未出京。

> 相逢俱一哭，白眼看营营。
> 久客无聊甚，何如别帝城。
> 一声归去也，相送道班荆。[4]

[4] 我临行时，王家标、钟家骧、马枚卿等，均依依不舍，直送至登车而别。

> 道出津桥上，愁听杜鹃鸣。
> 停踪元纬路，预约待宗兄。
> 寂寞伊谁解，客中哀感并。
> 出游姑访艳，归宿顿忘程。
> 差喜逢良警，得休无谓争。
> 宗兄如约至，车次互推诚。

在京时，由周文郁（洙丞）介绍，得识许桐庆。许奉委上海地方法院书记官，相约同行。我先两日出京，告以天津寓金台旅馆。未到前，祇一人独坐一室，极寂寞。乃忆及在杭时，曾眷一拱妓金瓶兰，相传在津，遂至三不管访之。询无知者（拟一篇《天津访艳不遇记》登载《天津日日新闻》）迫夜间欲回旅馆，与车夫讲定车资，半途车夫问："金台旅馆在何处？"我又闹一笑柄，谓："即与我讲价，必知路之远近，何得再作此问？"车夫则言："没有地方，我拉不下去。"正相持间，警察来问事由，我告以初来此地，祇记旅馆名，不记旅馆地。该警微笑，凡过空车便问知金台地址否。有一车夫答："知道的。"遂改坐该车而回。盖天津有经路、纬路之分，金台在元纬路。出门之难如此。次晨许至，同车南下，互相照顾，甚慰。

自我南归后，喧传事不清。
无名徒有姓，惹得众相惊。
老友经磨劫，研求易理精。
齐名良有怍，著作我无成。

我出京未久，杭辛斋与一许姓被女探安静生告密，即被捕。沪报杭、许并载，而许为何人则不指明人。以许即我也，惊相问状。从此遂杭、许并称。但杭在狱中遇一异人，能知未来事，系深得《易经》奥义者。杭奉为师，研究易理，著有《学易笔谈》《易楔》等多种，早出版。我则深愧勿如。

君子筹安六，^①不敌一将旄。

① 筹安会六君子杨度、孙毓筠、胡瑛、李燮和、刘师培、严复。

云南反帝制，国事大变更。
洪宪长已矣，议会运占亨。^②

② 袁世凯帝制自为，蔡锷（松坡）潜回云南起义，洪宪不久即夭。

浙先图恢复，微劳敢自盈。^③

③ 宁沪独立一案发生后，各省省议会一律解散。迨袁亡，浙江省议员首先请求恢复议会。我与何绍韩等，借吉祥巷省教育会几度开会讨论。吕公望省长允予，同情照准，总算开风气之先。

电催任子返，湖上集群英。^④

④ 任凤冈在桂林，电催回杭。召集之初，吕省长曾于湖上欢宴全体议员。

谁料兴武走，浙人自取咎。
两长一人兼，为期竟不久。
欲谋攫警权，引起大纷纠。
我从议场归，沿途警皆有。
问之一警官，接替献身手。
急急趣暄庐，辞职有某某。

明知事已僵，犹启调停口。

民张军则周，无一肯担受。

制人发必先，迟恐悔贻后。

不幸我言符，杨齐风入牖。

平心论东莱，秉性还忠厚。

同车抵龙华，拒兵徒呼负。

孟鲁局推翻，百般常掣肘。

供养苦繁苛，阋墙成祸薮。

　　洪宪暴亡，朱瑞以附逆故，为部下所逐。平心而论，宁沪一役，不杀一人，对我省议会莫议长则促其出国。我与任凤冈虽被逮捕，亦宣告缓刑，总算保全民党分子。然袁世凯一倒，不得不出走天津。继其后者，先为巡按使屈映光，不满三月屈调山东，乃由嘉湖镇守使吕公望兼军、民两长。吕未除书凯子气，故毫无实权。军政方面则由参谋长周凤岐作主，民政方面又有民政厅长王文庆负责，吕不过拥虚名而已。徇左右，请冀从警政，攫一实权。时青田夏超以浙江警务处长兼省会警察厅长，吕思分一位置，初拟将警务处畀刘太史昆，刘本省政府秘书长。以事不密，未成。旋乃决定委团长傅其永为警察厅长。接替之日，警察厅侦探队长林文忠忽起反抗，以老拳从事。傅见形势不佳，疾走避之。浙议会正在开会，我从会中回寓，沿途布满警察，觉有异。电询某警官，知警厅状，急往吉祥巷张载阳寓。张语我曰："我等今尽辞职矣。"我认此为非浙江之福，遂与沈定一、任凤冈出为调停。吕公望公馆在柴木巷，已有警察守巷。见吕出一电稿，内称"脑病猝发，未能视事。军政委周凤岐代，民政委张载阳代"云云。即持此稿赴周凤岐寓，主张一辞二代。电同时拍发，使中央无所动作，不谓周、张均反对，谓类于"驱吕自取，其名不正"。仅发吕电。次日得段内阁祺瑞私电，谓"诸弟小有不睦，何遽出此"。又次日，竟正式任命杨善德督浙，齐耀珊长浙。

霹雳一声，浙人大惊。组织一浙江公民大会，对于外兵入浙，提出异议。盖浙江光复后，浙人治浙，心理皆同也。吕闻之，邀集会中重要分子，暨张、周、夏等到寓（张以杨曾任浙江协统，前清已有关系，托病未到）商办法。深夜专车赴龙华护军使署，公推吕及我暨浙议长沈定一、议员任凤冈谒杨。我以公民大会定明日在城站大舞台开会须主持，请省议会秘书长孙太史智敏代表四人见杨，以不带兵为请。杨曰："拒兵即拒我也。"坚持不可。

专车回杭，由任到会场说明，众皆懊丧而散，浙人治浙局面从此推翻。有归咎于夏超者，夏也亦引为遗憾，尝语我曰："我想总有一日可以慰浙人。抱此观念。来一非浙人督长，即谋去一督长，卒召杀身之祸，悲哉。"

> 激怒铁中铮，奋起雄赳赳。
> 自主议成灰，虎头随解绶。
> 增我一悲观，闲静学五柳。

杨善德带兵入浙，增加浙江一师饷需。我友前浙江都督蒋尊簋及混成旅旅长周凤岐、民政厅长王文庆等，心皆不甘。因宁台镇守使顾乃斌亦民党，齐赴宁波宣布自主。杨命浙江第一师长童保暄讨之。童与王文庆同乡，交极密，以为联络一气事无不成。岂知杨并命其部下陈乐三一师杂内监视，童无法打成一片。速王走，王密告蒋、周等乘轮出申，而顾乃斌亦就此解职。浙东自主，徒存历史，遗恨而已。

> 二届省选开，当选诚非偶。
> 我抱爱浙心，誓作看家狗。

昔年，我撰一文，自命为《浙江看家狗》。文载各报。

> 尤恐诸同侪，流品有良莠。
> 出组良社团，优秀十居九。
> 民隐竞关怀，谠论无出右。
> 议兴议废除，浙会操枢纽。

二届省议会，我与任凤冈拥戴阮性存为议长。不料被台属周继瀠利用官厅之力所攫去。乃组织一良社，纲罗优秀分子。凡会中议案决否俱操在良社派。周图抵制，乞援蒋邦彦金钱魔力，亦设一澄庐俱乐部，然人才太少，无所建白，卒不敌良社之有声有色也。

> 我列舆论坛，任呼钟与缶。
> 商民读之欢，官吏阅之忸。
> 日夕不言劳，挥毫当拥帚。

我开设一《良言报》馆，反对齐耀珊最烈。齐虽视若眼中钉，而商民则一致欢迎。

> 突传辫子军，复辟胆如斗。

劝进电河间，莫或加可否？

欲揭闷葫芦，挺身求之友。

扬激两未能，有口衹好守。

《良言》无疾崩，掷笔归陇亩。

马厂树奇勋，一战洗氛垢。

黎元洪任大总统时，浙江省议长沈定一入京晋谒，进废督裁兵说。黎颇动然，未敢发焉。长江巡阅使张勋拥兵跋扈，以黎无能为竟，举兵行复辟事。段祺瑞率马厂冯玉祥旅讨之，张败遁荷兰使馆。查张拥宣统复帝位时，发号施令，俨然一满清政府。各省督军未有表示。我与任凤冈以《良言报》名义兼省议员资格，首先发电请冯国璋以副总统名入京，行大总统职权。电去无消息，乃挺身至张载阳司令部，探询杨善德有何论调。张曰："杨衹言'扰乱治安者杀无赦'，不及其他。"我念此闷葫芦究竟卖什么药，乞张代问。次日，杨送一通电稿到报馆，内有"扬清激浊，两有未能"句。馆中同事任凤冈、查人伟、潘忠甲等以照此情形何能办报，遂摘此两语，宣告停版。

事平立法严，吉林真腐朽。

带队进议场，经我大声吼。

二届省议会第一次开会，省长例应亲自出席。齐耀珊不知省议会法，竟率卫队入议场，违反暂行法。我责问议长周继潆，声色俱厉。周视齐，齐怒目令卫队退去。

磊落自矜持，那肯为利诱。

齐耀珊后调内务部长，三届省议长沈钧业以旧时僚属关系进见齐，提及我，谓："在浙几年，此人最与我为难，自裁撤审检所事起，几无日不在报纸上丑诋我。我非但不与之校，且重其品格。盖浙议员中有以事请托者，有荐举亲友者，独此人绝无此种行为。可惜不自敛抑，将来遇一不能容忍之人，吃亏必不在小。"

拌向权贵冲，该加议员首。

驳诘一大篇，丝丝称入扣。

笑柄达幽燕，吉林无词剖。

我为警备队事提一质问书，词颇严厉。齐答复书中有"该议员"三字，我愤甚，层层驳诘，宣布报端。嗣齐回京铨叙，部长郭筱麓（则沄）举以问，齐俯首无词。京中认"该议员"三字为做省长之大笑柄云。

弹劾第一遭，文墨岂容苟。

公推我捉刀，直任自忘丑。

二读无瑕疵，立电徐菊叟。

吉林骤下台，满引一杯酒。

省议员郑迈亦议员中佼佼者，提一弹劾省长齐耀珊案，为浙议会破题儿第一遭。金以案关重要，非我动笔不可。我乃别提一案并付审查，舍郑用我。二读通过后，先将全案电京、粤。因中山称先生，遂称徐菊人先生，从沈定一说也。徐得电大惊，谓："不称总统而称先生"。虑浙有变，即免齐耀珊省长职。

浙长易吴兴，浙人正欢腾。

武人干政想，逐逐效鸇鹰。

我叩两师长，都言相助应。

但求梓邦裨，大吏任能胜。

密函京三老，毋庸顾虑增。

南来请放胆，正谊尽堪凭。

下马横遭辱，依然省座称。

中央任命沈金鉴长浙，沈浙江吴兴人。浙人正预备拍电欢迎，而督军卢永祥以不得自兼电京反对。我以军人干政风不可开，且卢所反对者为我浙人，尤所不甘。即走谒第一师长潘国纲、第二师长张载阳，问有何意见。潘、张均以卢之举动为不然，但不便表示，谓："沈果来，自当相助。"我即函京老钱能训、孙宝琦、汪大燮，请转语沈，速来。毋恐沈知底蕴，祇卢一方作用，毅然南下。车抵杭州站，陈乐三令部下搜沈行李，发现两手枪。沈以堂堂省长所携手枪，并非违法，立向索回。陈见一、二师长潘、张及警务处长夏超到站欢迎，遂亦以省座称沈，握手言欢，不复蛮横。

每逢关利害，深夜辄挑灯。

革却敷衍习，同求衽席登。

沈本老吏，凡遇卢与为难而地方有不利时，辄深夜邀我及任凤冈商应付方法，使卢不敢相逼。卢人亦厚道，往往自行取消所主张。

省选开有日，艳电肆欺凌。

环视东西浙，郡曹半模棱。

夏冯商对付，事急我呼朋。

函电埋头写，代表民意惩。

强权心胆落，公理若暾升。

三届选无阻，时机不欲乘。

第三届省议员选举，沈于浙东、西十一府属初选监督已下委令。而卢永祥发一艳电，凡驻军地方一概停止选举。沈愤甚，谓："选政如不举行，贻笑各省。省长还可做下去吗？"欲辞职。警务处长夏超、政务厅长冯学书力阻之。乃邀我与任凤冈开一圆桌会议。夏首发言谓："官难开口，祇有人民自动。以议会系民意机关，人民有要求选举权。"速我赴沪工作，嘱任在省工作。我先后邀王景韶、马汤榴、严独鹤等撰拟文电，经我修正后，即由董仲章拍电、登报、作函及印发传单，办理一切手续。规谏卢氏并促各府属团体齐起力争。卢见种种文字，气为之馁。嘉湖镇守使王宾首允湖州开选。一府选竣，各府省议员络续皆产出。迫召集开会，例须先选议长，除前金华道尹沈钧业当选正议长外，有以副议长一席相畀者，我拒却且不出席，以示坚决。遂以杭人祝绍箕（呈五）充之。

风狂天欲雨，湖畔来江陵。

柬约清华馆，樽开酒如渑。

关门相说笑，侍役适逢憎。

来此何所见，黑幕殆层层。

组阁似前定，回京便夸矜。

首将浙长易，清议凛春冰。

去固浙人惋，来幸浙人仍。

军民分界线，总算木从绳。

我爱清河最，萧规劝服膺。

张绍曾来杭，寓清华旅馆东，请报界同人，我亦与焉。举杯时，有一茶役在侧，竟怒目斥逐，并自起关门。我以为必有密语，不料所说俱无关重要。迨回京组阁，首先发表浙江省长沈金鉴调京而以张载阳继其任。杭人群疑沈之去，浙殆。卢永祥与张绍曾有密约，以张载阳继任，将来民政不啻操在卢手。报纸一致指为军人干政之渐，卢表明心地，将经过情形往来电稿送刊各报，并声明军民分治界线。

陇西闲散咏，位置冀逾恒。

豪兴西湖览，赞同我未曾。

清河频枉顾，评议勉兢兢。

实现期犹待，邻封兵气蒸。

前财政总长李赞侯（思浩）下台回浙。卢永祥思笼络之，而苦无相当位置，乃谋开一西湖博览会。先在商品陈列馆召开地方会议，除官厅外，东邀绅商讨论，到者不少，但对于该会之办法，唯唯诺诺，无一敢抒己见。我性戆，起立反对关于增加盐税为会费，拆毁运司河下府仪门内民房为会址。期期以为不可，并列举巴拿马赛会，浙人陈兰熏（琪）如何如何；南京劝业会，浙军徐允中（则恂）如何如何，闻者愕然。最后，前宁台镇守使顾乃斌起作调人，称西湖风景甲于环球，能办一博览会是浙江一名誉事，如办法认为未善尽，可从长计划,众鼓掌。散会后,省长张载阳来寓,谓:"李之地位崇高,卢督一时无安插处,特就地方事业着手,意在以会长一席请其担任兼之。事关民政,经老弟反对后,渠兴索然,已不愿出面,浼我作主。我已商得李之同意,先设一评议会,预定老弟亦评议员之一。万一办法有不合处,尽可贡献意见修正之。"不料该会未实现。江苏督军齐抚万(燮元)为淞沪护军使问题,秣马厉兵,已有攻浙风声。卢准备作战,无暇再谈此事,该会遂成流产。

> 前门方虎拒,后已教猱升。
>
> 周夏交相用,清河冷似僧。
>
> 轻车随下野,保境有明征。

卢齐战争,一称鸦片战争。盖上海为鸦片进口之所,每年收获甚丰,苏齐难免垂涎。且明系江苏省管辖区域,而反被浙江攫得,心何能甘。查卢本淞沪护军使,调任浙督。调任之初,论理应由中央派员接替,而卢先令部属何丰林继任,电请照准。齐早不欢,迨至此时,齐以中央无统治能力,突谋夺回淞沪护军使权,遂兴师。

卢新得臧致平、杨化昭两将助,一面出嘉兴,一面出吴兴。齐几失败,乞援邻省。正在黄渡、浏河、溧阳、宜兴酣战之际,忽孙传芳由闽入浙,浙军炮兵团长张国威与孙通仙霞关并不抵抗,浙第一师长潘国纲又不战而退。

卢以浙军守江常门户,而竟如此。后路已无,即决意离浙。师长陈乐三愤甚,谓:"浙人驱卢,拟乘潘国纲退下时,一击出气。"我据友报告,知周凤岐、夏超暗与孙传芳接洽,密派一郭姓见过孟昭月，即奔告张载阳。张曰："定侯要做省长，我让他做省长。恭先要做师长，我让他做师长。"我问何消极乃尔。张曰："我不如此，恐杭州先糜烂，浙军亦不能保全。我已对卢表示同车赴沪，卢亦命部下不得妄动。我消极所以平陈乐三之气，免得伊在卢前作梗。"云云。至周、夏迎孙亦非诚意。盖周为沈金鉴湖属同乡，沈长浙煞费苦心，用周为警备队总参议。沈去浙，周以卢作祟，恨之。夏则对沈素出力，卢之掣沈肘，夏早不平。推夏之心，凡有能驱卢者，皆我与也。故孙入浙，夏不计他日之利害，先致殷勤。兼之周、夏两人向有野心，非若张之肯退让也。

往者姑莫说，来者永留痕。
初见垂青眼，书生不受恩。
每关人物志，嫌我太穷源。
似请原非请，似捕礼尚敦。
两回兵挟往，晤语反春温。

卢永祥行矣，孙传芳来。雷峰塔忽倒，浙人视为不祥。孙极机警，抵闸口不进城，即直扑嘉兴达上海，始回浙。我同乡周承菼（赤忱）与孙在日士官学校同学，往见孙，语以宜延揽人材。孙问："人材为谁？"周举数人，我亦在内。孙即托周见招，我辞不往。孙宴请杭城报界，我时主办《杭州报》，各报主笔邀同赴宴。军署副官张焯，我老友也，定席次使我与孙对坐。孙视席次表起谓我曰："久耳先生名，愿常常赐教。"我处之淡然。

凡孙举动及其从者，我辄本刚正立场，笔不为恕。有杜佑樵者，以浙江官而兼福建官。我以脚踏两头船讽刺之。又杜挈一邻佑王姓女赴沪，我大加指斥。杜诉之，孙竟面谕宪兵司令官上官云相捕我。上官派某副官来寓，天正下雪，我从旁舍疾走省署。省长夏超即命赵守礼来陪，某副官并请其晚膳。

时适蒋百里（方震）在杭，上官系保定军校学生，与蒋有师生谊。夏托蒋缓频，蒋知我素性，嘱上官善视之，并约定明日见面一谈了事。电告我，我回寓语某副官，未见信，乃打电话去问，撤回宪兵。次晨，我到宪兵司令部，上官云相交谈良久。谓蒋先生说过，不必再见孙矣，此第一次事。

至第二次，巡阅使署秘书长本为万仞千（鸿图），忽又请陈闿（季侃）为秘书长。我探得真相，孙虽与夏结盟兄弟，而处处攘疑。用一陈闿全在监视夏超，并预备以陈继夏任。我在《杭州报》将此种黑幕宣布，并表示反对。孙怒甚，又命新任宪兵司令官汪其昌亲来捉我。汪年少，戎装刀佩，仪表可观。我继妻朱氏见其貌似亡儿（冠臣），竟动舐犊之心，隐然泪下。我略加劝慰，随汪出门。前后两宪兵乘脚踏车，夹我包车而行，如捕获一大盗。

然我至军署，孙亲接见，谓："浙江人材，我可录用必录用。浙第一师长不用自己部属，而用陈公侠（仪），即注重浙江人材也。季侃亦浙江人材，废弃可惜。故别以秘书长位置之，何得说我有作用？《杭州报》袒护定侯，全供定侯利用，实属不合。"我答："以定侯行为，浙人亦有不满之处。不过光复以来，许多浙人都已汰汰，祇剩定侯一人犹在台上。譬如一个家庭好子孙无一存在，独此顽钝儿依依膝下，那得不生怜爱人情，大抵如斯。我之报纸爱护定侯，原所难免。至为定侯利用，则绝无其事。且我亦非此等人格，请放心。兼之季侃亦是熟人，何分恩怨？"孙大笑，谓："季侃即是熟人，不妨到季侃处谈谈。"命护兵伴送至季侃室。季侃曰："前天，老孙见报大发脾气，经我再三申述，始缓和下来。"我称谢后，与谈他事，告辞而出。

> 一自秋操发，公然五省吞。
> 人皆联帅捧，我独直书孙。

孙传芳在浙有年，实力渐厚，又得浙军一、二师之助，顿起野心。借秋操为名，进兵邻省。一战攻下南京，杨雨霆逃。再战攻下安徽，姜登选走。命浙军第一师驻徐州（陈仪），第二师则分驻苏、常一带（周凤岐），传檄而定江西。福建人事由其调动。自称五省联军总司令，石头城中居然一小朝廷。闽、浙、皖、赣大员，岁首不啻行朝觐礼，得意极矣。各报均称"孙联帅"，独我《杭州报》仍直书孙传芳或孙馨远，从无"联帅"两字发现，读者叹为特色。

> 坐镇金陵塔，武林念念存。
> 养兵遭嫉妒，调虎使离墩。
> 妙手安排辣，风传我耳根。
> 漫将新秘史，握管写黄昏。
> 报纸流传遍，俨如鼙鼓喧。
> 造谣横指摘，挑拨险含冤。
> 密奉江东电，伴同上帅辕。

> 未交军法讯，先见宋梅村。
>
> 百口难分诉，多情路暗奔。
>
> 死生齐着急，物议满杭垣。
>
> 营救联翩集，不平恼太原。
>
> 甬申同义愤，欲杀已难言。
>
> 刑判期何永，执行鸟入樊。
>
> 中郎也缓颊，公债转乾坤。
>
> 两约强令诺，衔悲出狱门。

传芳坐镇南京，念念不忘浙江，以浙江夏超暗自养兵中，具所忌也。莫永贞暗见孙秘书长万仞千，万密以江、浙两省长行将对调告之。莫回杭，语吕绍美（衡）。吕举以语我，我以陈陶遗同是南社中人，且系一文学家，于大局无关轻重；至夏则一生精力都在浙江，一旦调离，与地方治安不无影响。遂写一新闻刊登《杭州报》，并下"调夏即去夏"之断语。

孙阅报后，以我揭破其阴谋，指为造谣挑拨，电令浙督卢香亭挈办。卢奉电，立谕宪兵司令官张某（忘其名）暗围我寓，请我到宪兵司令部。司令官陪我路行至督署，见参谋长宋梅村。宋手执《杭州报》，指两长对调新闻从何而来，我答以："转载《上海报》。"实则《上海报》转载《杭州报》也。宋云："《上海报》无去夏语，《杭州报》何作是语？"喊一兵来送我至军法科。该科科长、科员大半熟人。有陈雪艇者以形势严重，须向外间乞援，问我通知何人最要紧。我言同居之顾乃斌。陈即奔告顾，顾以周承菼在杭，邀周营救。周驰至督署，则中国银行副行长已先在。盖是时省城警察厅督察长陈廉斋（惟俭）得讯，往寻杭商会王竹斋（祖耀），不遇，转觅中国银行行长金润泉（百顺），又不在。情急想到副行长陈蔼士（其采）亦日本士官学校出身，遂求陈出马。陈之兄英士（其美）本我老友，陈又爱读《杭州报》。谓陈曰："许君之笔，我早知有今日矣。拆我浙江之骨，自当尽力援救。"故首先为我进言者是陈其采。陈出，周见卢，语之曰："许是祢正平一流，愿足下毋为黄祖。"卢颔之。旋王祖耀、王锡荣、金百顺、徐青甫、祝绍箕等联翩而至。卢虽以须请示联帅办理为词，然暗中亦以浙人意见电告孙，无负杀士名。宁籍省议员李镜第、张原炜等及上海名流章炳麟、蒋尊簋、殷汝骊、褚辅成等，先后电孙。孙命判我十四年又六月刑期，送陆军监狱执行。

浙江财政厅长蔡俭卿（朴）为举办二百万公债，召集杭城金融界开会。王锡荣曰："我等保释一许某，尚不得，是政府目中并无我等，今日公债何必问我等耶？"词甚负气。蔡曰："许事总可设法，请诸君放心。"嗣蔡见孙，亦为我言。孙提两条件：一不许我再做省议员；一不许我再办新闻。以为如此，我口我笔均无发泄地。临释之日，强令画诺，我忍痛遵办而出。至在狱情形，见昔年所著《丙寅狱中记》。

居乡心悒悒，罔极痛严尊。
术者言皆验，命宫注定论。

我出狱后，遇一预言家，谓我九、十两月间，还须披麻穿孝。后竟如其言，痛哉。

忽报东归速，青田喜置樽。

畅谈机已到，付托柳营屯。

再四进规谏，无如波已掀。

饷源居第一，敦促助文元。

铁路申来截，誓师祝弟昆。

禾中亲督战，溃退虱谁扪。

私邸枪声响，上行择要蹲。

新装沿路舍，触目敢惮烦。

电乞命收拾，偏催返故园。

一时消息杳，何处不惊魂。

　　浙军第二师师长周凤岐随孙传芳出发，由苏入赣。孙在九江时，杭商会长王祖耀往犒师，孙问及我，王曰："近来息影家园，不问时事。"孙曰："此人很漂亮，可惜要骂人。"王曰："联帅何必介介。"

　　王旋浙。孙部下谢鸿勋与党军战，大不利。周凤岐突来一电，致其旅长盛开第，内有"率队东归"语。盛据以转夏超，夏甚兴奋。时浙督卢香亭亦调往江西战线，夏认为机会可乘，邀我及王廷扬到省署，举杯言曰："两位可出而任事也。我要请两位到金、衢、严去。如需要军队，卢若虚一团可供指挥。"王与我均劝夏慎重，我更以不妨待恭先到，再举动。无如党军方面夏早有约。马叙伦、许宝驹等又日事催迫。孙系人物如王金钰、蔡朴，已不在杭城。

　　夏首缴军署卫队械，继命钱文选长浙，盐运使政务厅长萧鉴兼财政厅长，萧与夏之左右王藩、李平等虑危险，倩我数次谏夏。最后我偕查人伟、韩宝华同往。夏表示有"万一失败，我情愿做流寇，即亡命海外，亦多几个朋友"语。萧不得已，允就财厅职，促我相助。

不满一星期，夏欲进兵淞沪，我又力阻。夏曰："已与松江钮永建协定办法，十万元已送去，不便迟误。"我得浙路秘书于笑呆（鄂）讯知上海来车已断，告夏曰："上海似有准备，不易取也。望养精蓄锐，待恭先到。"夏不为然，亲自督师。出发之夜，省议员蒋馥山（玉麟）在城站祝胜利，称夏所部是子弟兵，当然战无不胜。

不谓师抵嘉兴，一战而溃。夜车回杭，在孩儿巷私邸召政商两界，议善后，已无有如上日省署慷慨谈兵之气概。旋索省长印。我以应佩往上江，据一险要，作发号施令之具。但一般人均犹豫，有主张交杭商会者，亦有主张交省议会者。纷纷未定，而门外枪声作，虑兵变，遂潜避花坞。

次日，夏乘汽车出闸口。我往省署，董绍祺出孙传芳电，已委陈仪为浙江省长矣。我见沿路兵器堆积，莫之收拾，电请井亭桥张载阳速知伍崇仁团长取藏。张曰："此间你不必干与，你速回乡为是。"张爱我深，故作是语。我乃雇一汽车，偕陈德新、查人伟同回海宁。

> 早起持书寄，街头形势异。
> 家家扃乃扉，退下兵为祟。
> 威逼下扁舟，汹汹群言利。
> 延陵为贽留，银饼嘱多备。
> 筹给三百圆，脱然始免累。

回看虎狼群，络绎暴横肆。
急召沽与屠，为我供探视。
囊空应付艰，竞劝引身避。
尾幸党军追，最先是两骑。
闻名入我厅，向壁皆翘企。
各地丐先容，出场再尽义。
迎旗过小桥，溃兵跪下泪。
戒毋妄相残，函送党军议。

　　我自听张载阳电，回乡间一无消息，苦闷已极。夜作一书，拟问别处，探询情形。晨起往寄，街上商店家家闭门。福建退下周荫人之兵，因到杭无车可乘，都从铁路步行而来。我被退兵捉住，命我唤舟。舟解缆去。有一持手枪者迫我送行，我遇邻舍吴家鼎，招同行至黄鹤桥钟家坟前，逼我下舟，开口索洋一千元。我以小小乡镇，何来此款。乃减至五百元，我祇允五十元，相持甚久。有一连长邀我登岸，自称："山东籍，兄弟四人均读书，不愿为此暴行。不过我之手枪被这护兵拿去，我不便多说，祇好请你筹措数百元给他。"我诺之命，该护兵上来，随我到市，留吴为质。我向各商店筹到三百元，该护兵取之而去，吴亦放回。但周王庙市上成群结队敲门抢劫，已不时发现。

　　我恐本地人或有为虎作伥者，遂与吴商借一小茶肆，号召屠沽及游手之徒出而维持。时值新年，向家中取年糕，糕饼店取麻饼及鸡卵等供给若辈。其索钱者，亦稍稍给付之。赓续三日，经济渐感不敷，缘此时略有储蓄者咸避匿乡村。

我陷于无可为计，而要求不遂者欲挟我行。同伴促我躲避。

仅半日许，党军尾追已至。先有两探寻我，见我家厅上悬有孙中山先生观潮同摄之影，呼我老前辈，浼我介绍斜桥、硖石等地方士绅，我一一照办。党军先锋队驻离市半里之朱家桥（浙路称周王庙桥），我率众欢迎。路经油车小桥，遇溃兵五人跪在泥中哭泣求救。盖该兵等早无枪械，而在乡间劫掠，为众所擒。击破头颅，腰间所有尽被搜去。我力劝乡众不得野蛮，即备函送请党军议处。闻次日，已充作夫役矣。

> 申杭已通车，纷传青田事。
> 将信又将疑，未睹遇害记。
> 前途险若斯，我抱浮云志。

火车多日不通，邮便亦然。一日见一杭报载夏超遇害，尸身未获，有张载阳、冯光宇、何绍韩等向军署索尸新闻一则，心中颇疑惑。后知确信，乃详加调查，于前年撰一《遇害记》。

> 朋辈需良材，电邀我劳悴。
> 财政大范围，阶前尺地界。
> 案牍日盈堆，多决少请示。
> 饷需严厉催，具覆似惝惝。

党军入浙后，除军事外，分两大组，一政治委员会，一财政委员会。遇重要案，由两会开联合会解决之。政委会主任张人杰未到前，由褚辅成代。财委会主任陈其采，陈委钱显曾为该会秘书长。委员中对钱未满意。陈忆及我曾两任财厅秘书主任，虽为时俱不久，而人无间言，且佩服我之笔墨，一度营救我。于会中提及，萧鉴、俞炜等我老友也力赞其成，乃命科员徐懋来电，邀我到杭晤陈。陈极恳挚，我以"寿萱（钱字）亦老公事，未便取而代之"辞。寿萱曰："事太忙，我干不下去。请兄来，我愿相助。"萧、俞又敦促，遂担任秘书长。其时，财委会范围极大，仿佛一省之财政部，凡前财政部属各机关皆隶属也，公牍之多，无出其右。钱显曾动辄提付会议。我以可免付议者，即负责表示意见饬科办理会，议席上省却许多麻烦。一日，南京来电索款，词极严厉，有"如不遵办，以反革命论"语。我未到时，由钱拟覆电稿正在讨论之际。我驰至，由委员张世杓交我斟酌。我于措词不善之处，提笔修正。各委员均满意，始发。

标语贴满墙，清党逮贤智。
两会俱自危，罔敢出为地。
我素慕祁奚，保释尽友谊。

浙江政治委员会主任张人杰将莅杭，而杭城忽发现打倒昏庸老朽之标语，张疑委员中人妒忌为之。不数日，留守司令胡为雄派兵逮捕委员，称奉命清党。被捕者有褚辅成、查人伟、丁济美及沈钧儒、宓维琮、陆初觉等，褚则解送南京，其余均拘押陆军看守所。政财两会委员俱惴惴不自安，我与俞炜、王祖耀先后保释查、丁、宓三人。

政费狂增添，揩发大遭忌。

政治委员会自张人杰接事后，大事铺张，改科为厅，月需经费十三四万。我以军阀时代浙江省公署年支经费不满二十万，而今月支如此之巨，认为阔少排场，无以对人民。查司法厅阮性存预算开支月仅定五千元，乃举以为例，祗允每厅照支五千元。缘其时，主任陈其采在京，代者为周骏彦。周不肯作主，嘱我对付。我同学陈布雷任政委会秘书长，派秘书楼守光一日连来七次催索。我坚持原说，楼曰："我们都是事务官，何苦得罪权要。"我答以："同是浙人，不能以地位之高下论。"嗣陈布雷亲来面商，先支数万元，余待陈主任回杭再解决。我始允发数万。自此张恨我甚，后以茧捐事借题发挥。

杭商诉理由，百万未推诿。

孙传芳离浙时，曾向杭商会转商杭城银钱业，借款约一百万。迫党军入浙，一度呈请财委会拨还。财委会以为数太巨，提付联会讨论。各委员多数指为接济敌人，不予归还。而银钱业以此款当初分担，或三万，或五万，或十万不等，不啻将各行庄股东血本完全取去，如何能继续营业？推王祖耀、金百顺、王锡荣三人来会请求。陈主任系银行出身，颇为难。徐委员青甫及我均主张如数拨还。来文我贴一条饬科照准，该科拟批不叙理由，似未足以服人。我别拟一批，称"借给孙传芳之款虽出于迫不得已，然联会否认，未尝不是。盖当时沪、宁未下，即行拨还此款，转授孙以借款之便利，而增加国府之负担。拒绝使闻，具有苦衷，杭商似应相谅，此乃权宜之策。目前大局即告粗定，似不能使杭商长感痛苦。自应照数拨还，俟提交联会追认可也"云云（原文已记不清楚，大意如此）。陈阅之，首肯即缮发。数日后，陈促我提案，我料联会同意者少，劝暂搁此案，始终未交复议。

> 军钞急收回，兑现成儿戏。
> 纵云职已辞，心却长抱愧。

党军入浙，装来军用钞，寄存中国银行，迄未开箱使用。所使用者仅系军队带来之钞。自收回令下，浙江办理最先最速，限电到一日，由各地商会代收出据。军人方面则与胡为雄约定，当调法币，逾限归伊负责，不再通融。总计全浙不满七十万。我在财委会经办此事，辞职后，往问可否兑现，体念贫民。科长程柏堂（鹏）面语我称主任意须请示中央。我告以："一请示，便无望。浙江固少数，江苏则六七百万，如何中央肯担负。盖浙江停止使用，不免流入江苏。"此军用钞不兑现，实因我辞职前未卖力赶办之咎，故至今犹引为遗憾云。

> 政潮又滔滔，濂溪任疆吏。
> 秘长府避嫌，分会姑一试。
> 同学重出山，首先争此位。
> 三字大文章，初衷得赋遂。

国府成立未久，即发生暗潮。浙江主席（政治、财政两委员会时已改厅，实行一省主席制）易周凤岐。周初欲以省政府秘书长一席畀我，我于烟酒局长萧鉴前力持不可。盖同学邵元冲提款携沪一事为我抨击而走，若继其后，是夺之也，何以自明？周乃止，改用计仰先（宗型）。嗣周又亲自作书，邀我为政治分会秘书长，姑允一试。第一次开会我出席，第二次往则同学蒋梦麟一人预坐秘书长席。我知周不善敷衍政局，必将有变，即退回寓。后据庄崧甫说，是日开会，蒋首先发言称："本会秘书长例须委员兼任，许非委员，且本人即未辞职，亦未免职。请许来何为？"周滑稽答之曰："我闻卢香亭说，许是个文豪。我请来做大文章。"各不谈下去，我从此乃脱离政界也矣。

> 濂溪性太呆，专恃桂方庇。
> 不肯曲周旋，卒为当道忿。
> 极言祸所胎，犹答彼放弃。
> 瞬息谪长沙，书空徒自恚。

周凤岐之为浙主席，全系桂系李宗仁、白崇禧之力。其时蒋委员长宣告下野，回奉化籍，关于蒋鼎文之一师每月给养费及杭毅之杭市公安局长职，对周颇不慊。我劝周，周曰："彼已下野，何得再来干预。"我以大局殆有变化，不得不顾虑，而周不听也。旋蒋果东山再起，周即去职。得张岳军（群）从旁斡旋，始无恙。

> 宦海风波多，宁向田农厕。
> 家乡育蚕区，立张丝茧帜。
> 贪夫利是图，妙计奖分类。
> 我主税额加，狱又兴文字。
> 弄权妄进谗，幸有一书赐。
> 不值半文钱，闹得天花坠。

我离政界后，注重丝茧事业。钱新之（永铭）任浙财厅长，大权落入科长蒋元新手。蒋系张人杰所派主要人物。是年，茧捐委员特定一奖励办法，超过比额者获奖愈多，所谓公开弄钱也。我以开设茧行，是年最盛。仅就海宁而论，前定比额时，不满十家，今则一百余家。为抵制公开弄钱起见，用茧业公会名义拍一电，主张先加比额，再议奖励，揭破蒋之计划。蒋恨甚，竟于张前说我捣乱。张欲泄当初掯发政费之气，手谕省会公安局长阎幼甫捕我，解省府转送法院。高法院长郑文礼，老友阮性存高足也，重我名。命看守所长魏炳文（章）善视之。魏素不相识，问我与郑有何关系，我以阮之渊源对。我在狱中忆及民五年度中山先生海宁观潮，张亦同往，遂作一书与张，责其不应下此手段对付老友。又提中山先生赐我书中有"鸥盟仍在"句，既曰："仍在乃如此耶？"张自沪上归，其母舅庞赞忱由三姬方彩芝往求，请其主持正义，已为我言。本有开释意，见我书，极注重中山先生赐书，遂于王祖耀、王锡荣缓颊时，即招教育厅长陈布雷至，嘱其转达郑文礼，将我释放。此案一无价值，而友人奔走，又忙了一场。

一波复一波，何尝得安睡。

烦恼半自招，秋茧险逢魅。

为公不为私，刚正系人思。

春茧案了矣，而次年秋茧又出与曾养甫冲突。曾时任浙江建设厅长统制收茧，茧价极低，最高每担鲜茧十四五元，次则有在十元内者。我以蚕农劳苦一场而所得不偿所失，且我正办长安丝厂，厂中让其收茧亦愤愤不平。遂扣留其所收之茧，并与同业商量登报悬赏缉拏其出运。事属胆大，予曾难堪。曾怒，在省府会议席上提议拏办我，无一应者。郑文礼劝之，曰："此君倔强，饱尝铁窗风味。即使拏办，伊未必屈服。不若浼人调停，免得多事。"曾乃电邀褚辅成及金百顺调解。我以此项秋茧平价售与各丝厂为条件，得照办。我长安厂不取厂外之茧表示并不为己。统制会秘书杨承训佩我公道，临去时犹以我为念。

> 惟口最兴戎，我又叔向同。
> 好言人不善，后患付苍穹。

我好直言，罔知顾忌，后患在所不免。每及于难，辄听诸天而已。

> 防夺天然品，同声诋昏瞀。

蚕丝为浙江生产大利，自外销衰落后，仅藉内用维持之。值此时机，外人之人造丝又入口。浙江官吏禁止交织品，其时，杭州机户有掺用者，辄被罚办，不谓案禁。未久，纬成公司以大绸厂名义，藉口潮流所趋，竟用大批人造丝织成绸品，以图渔利。我与老友居绪乾同事反对，于《杭州报》上大声疾呼，责其昏谬。且谓政府不能改良天然丝，已属不是尤复□用人造丝，不特无以对从前罚办之机户，兼恐蚕桑事业将大受影响，于民于国两有不利。而省长夏超惑于该公司之说，反劝我无持极端论调，是真一憾事也。

> 防卉漏厄渐，反对尚呢绒。

民十六年后，军政要人好穿西装，废弃丝织物，而竞用呢绒，引为时髦阔绰。我以"外货畅销，国货势必淘汰"上书内务部。蒙部长薛笃弼函覆谓："所陈利害确有见地，已将原书交服制处审议。"后礼服定蓝袍黑褂，纯用国货，殆于此书有关云。

请缓追陈欠，追欠待年丰。

张难先（愚痴）主浙，正值浙西水灾。以预算不敷，严追旧欠。我两次上书，本孟子"凶岁乐岁"之旨，请求从缓。有"一方办振，一方催欠，是欲民生者政府，欲民死者亦政府"语。

请免加营税，加税值民穷。

营业加税一案，浙省各县商会来杭开联合会，一致反对。省党部常委叶溯中出而调停，组织一特会，我亦被邀。官商合议无主张，我提议照额加倍，而官方以相去太远，未允。我乃致函财政厅长周骏彦，有"百业凋敝之秋，此项横征暴敛，实非其时，请体恤"语，旋解决。

产权当力保，莫被外人蒙。

英人梅藤更在浙年久，动假慈善名义，串购山地。西湖宝石山、黄龙洞两案，我皆据约力争，呈请齐耀珊省长莫为梅氏所蒙蔽。梅氏聘请高易律师讼争，卒无可如何，而产权始保全。

清丈求澈底，莫贪眼前功。

鲁咏安（涤平）主浙，举办清丈，耗费甚巨，而丈而不清，民皆怨之。我上一书，畅述历史，刊布报端，见者咸引为快人快语。

我笔为之秃，注意在塘工。

海宁塘工关系七郡生灵（杭、嘉、湖、苏、松、常、太），入民国后，我始则于朱瑞督浙时，历陈利害，朱邀我同往阅塘。继则于沈金鉴长浙时详加指摘，终且于张载阳长浙初，陪同政务厅长徐青甫巡视塘身。终之，我对塘工险象及新旧工程常呶呶不已。

我舌为之敝，着眼在学童。

夏敬观（剑丞）长浙教育厅，杭城学潮，煽动有人，致一时不可收拾。我严词责备，限期复课。去后，夏来书置辩，谓我轻量天下士。我亦不甘退让，然对学生会无不苦口劝导，当以学业为重云。

万般俱积极，努力向前攻。
不怕权威逼，但论事理公。
纵遭多口厌，却博众钦崇。

我舌在我口，我笔在我手。遇事辄出头露面，不避权要。故来一官厅，无不以我为厌物。然民众方面群表同情而愈信仰。

市选意谁造，尘嚣拥藐躬。
外来鸦片毒，遗恨记文忠。
借此谋倾陷，张冠戴李翁。

一时难自洗，颈血几流红。

省内莫能救，同门讯暗通。

雅蒙诸友贵，理直气尤雄。

远近齐呼屈，如鸟脱樊笼。

堪怜书带草，犹处包围中。

亏得陶谢莫，坚持法理隆。

不如归去好，送我上车东。

杭市商会主席王祖耀病故，届改选时，不知何人起意，以我为适当人物。我平时表同情于无力者，而忤有力者。有力者忌我当选，根究抗日会处罚之款。先则设宴，请我让步，我以其来书无礼却之。继则我登报声明，劝各商别选贤能。而门下赵传荣、凌玉章等与信仰者进行尤力，遂引起被捕案。

临选之夜十二时，突来警察围我寓所，带一警犬入内搜查我所居部分，一无违禁品。回搜前，厅楼上发现鸦片。该前厅为杭海汽车公司办公室，公司司账员吴家鼎吸食鸦片，与我本不相干。徒以同一墙门，张冠李戴，捕我到省公安局。

次日，送保安处司令部，受讯两次，转送省政府调验室。缘是时，我任浙江国医分馆馆长，妄以公务人员资格，图处我加等治罪之条。风声所播，危险万状，我犹未之知也。保安处军法科长孙瑸（叔轩）系高校同学，某要人（姑隐其名）要求在一条线上对付我。孙强应之，以我现任分馆长地位，主电中央请示，实则予我挽救时间。会逢其适，安徽来一汪德光，亦同学也。孙以职责关系，不便通知杭人。密告汪谓："杭城已无能救者，速向外请援。"汪乃与陆希等函电首都及

行营。凡我同学，如陈布雷、赵迺传等均尽力营救。杭城王
廷扬、王锡荣、张旭人、居绪乾、张绍荪等到处奔走。最可
笑者，借力军警暗中欲害我者，表面亦作救我之举。一时满
城风雨，甚有追至江干，请保安处长宣铁吾先杀我，而后赴
上江。宣诸暨人，其同乡傅瑞禾、孙锡鋆预为进言："与许无
仇，不可做刽子手。"宣因是拒却。

省外闻知此案，纷纷来电，如中央党部陈立夫、中央国
医馆长焦易堂、审计处长陈其采、陕西省主席邵力子等，无
不振振有词。而尤以孙哲生（科）一电为最切实，电中称："正
气所在，不得故意摧残。盖我之戆直友好，所素知也。"上海
张发奎、唐生智、张啸林、杜月笙等一日晤到浙主席黄绍竑
（季宽），邀之宴饮，谓："许老先生从不吸鸦片。即使吸鸦片，
似应谅其年老。"黄允回浙主持正义。披阅杭报，见许某调验，
确有毒说。即传调验室主任某（忘其姓名）询以许究吸鸦片否。
某答："调验未毕，未敢妄断。"黄指报曰："如此诬人，太没
天良。"迨调验毕，委无毒，乃发回保安处。

犹忆在省政府时，我之室中，由府秘书处及民政厅派员
轮流监视有无烟瘾暴露，衣被饮食都由省府供给，门外立一
荷枪者，可谓严重之至。我重回保安处，处中人均知我冤。
有两队长，一陈天申，一徐至光愿列门墙，脱帽行鞠躬礼。
代雇一小童，伺候一切，可通融不复作前次狱吏之尊。我询以：
"家眷可否接见？"陈生即派人到寓请三姬方采芝来处。我见
方形容憔悴，不禁泪下。方报我外间情形，始悉此案险状。

未几又起一耽我消息，我命陈、徐嘱厨房注意。过数日，
陈来贺喜，称孙科长吩咐，已奉到中央电，移送法院办理。

日间避人耳目，容夜间送去。夜膳毕，陈雇两人力车送我至法院。法官已散，值寻一检察官来，仅问姓名，谕押看守所，所长魏章招待甚周。越两日，开庭发交市病院调验，概许自由，惟不得出院门一步。

一星期验毕，仍无毒。由法院提回庭讯时，我家佣妇倪姓及吴家鼎均先在，我即由友人保释。不料判决文到，竟处我以帮助吸鸦片罪。杭城律师如王皞、陈德新、陈惠民等，均代不平，愿尽义务具呈上诉。

上诉开庭，推验相率请假引避。迨数小时始讯问，律师则雄辩滔滔，而法官默无一语。临退庭时，突称许先生还有何话。我答曰："此案，个人的不幸小，社会的不幸大。我但望宣告无罪而已。"据说地方法院之判决书系高法院长郑文礼所授意，郑本器重我，实因有力者包围之故。后高院开法官会议，谢鸿恩、陶亚东、莫润华等，以司法独立，何等尊严，岂容外力劫持，遂宣告无罪。

案解决矣，而有力者自认失败，犹未肯风平浪静。我之门庭如市，如故竟派暗探记录来客包车号数，似有其他作用。杭城至友劝我还乡，暂避免遭毒手。我乃挈眷言归，送我登车者有之，送我到家者有之。回首前尘，良深感恨。

　　小筑园名退，栽培花木丛。
　　明明穷措大，苟免箪瓢空。
　　工料知多少，何来掘井铜。
　　一生崇俭约，储蓄悉移充。

非敢当湖背，①此中有隐衷。

①陆稼书先生《宰嘉训俗》书内有"戒人勿造花园"一则。

墙边彭泽菊，墙外云林桐。
知止轩前月，倦还亭上风。
寸心泉石嗜，藉此韬养终。②

②我一酸秀才，无建造花园之能力。即数十年俭约自奉，储蓄亦属有限。而竟为此举，未免非分。不过默念生平受尽苦楚，年逾耳顺，未有一自慰之处。且读《疏广传》，"财"之一字与其遗后人，何如自用之况，别有隐哀，名曰"退园"，藉示退隐之意，知我者应许我也。园中种花木，外有倦还亭、知止轩、振衣轩（有一振衣峰，石似人形，查系拙政园旧物，数百年后辗转而入我退园。我筑三间平屋，即以振衣名之，其匾额为老友于右任所书）、韬养草堂、吟风弄月轩等，无非作终老计耳。

难割西湖爱，常常来去匆。
南安真恳挚，广厦特通融。
重到杭州住，每思装哑聋。
事逢关世道，未许便藏弓。
诸老同尊孔，纷纷保学宫。
会场推领袖，轮到可怜虫。
吃苦苦不怕，热血复如烘。
奋斗尚无效，惊涛满地洪。③

③蛰居乡间，虽有退园，聊以自娱，然杭州仍未能抛得。

盖交友既多，庆吊事无月无之，人情难免，仆仆风尘，月必数次。老友单鸿庆于清泰路造有大厦，从不出租，邀我同居。我尚迟迟未决，而故旧门生闻知此说，咸表同意，竟代为设备，请我回杭。既感盛情又不惯乡居，遂挈眷到杭。初意事无巨细，概不闻问。嗣杭郡学宫为第一师范学校所利用，一班老师宿儒见大成殿变为盥洗所，群起反对。在浙江病院开会，主张尊孔先行，保全学宫。推举具呈领衔之人，一程良驭、二范耀雯、三邹寿祺均以地位关系辞，乃及我，俱拍掌。我以得罪人太多为言。金认为不成理由，逼之再三，无可推却，撰词呈请去。后该校教职员全体列名，反唇相讥，以学部通令为依据。我则以世道人心，非尊孔不可。双方争持，未得解决，而七七事变矣。

乘车再返里，国难正开始。
痛悼内助贤，久病上年死。
家事乱如麻，逐一躬自理。
开门柴米盐，垂老才知尔。

袁简斋云："贫士成家须妇健。"我继妻朱氏，可称健者。数十年来，我从不问家事，柴米油盐不知何价。朱氏病故后，我回家须事事经心，不胜痛悼。

正在问织耕，突来一驿使。
为言天上鸡，狂叫长安市。
丝厂是目标，枪弹疾如矢。
抽身立命舆，冒险亲莅止。

未问厂中丝，先问伤谁氏。
职工尽安全，再走市街视。
瞥见小儿尸，惨教魂魄褫。

到家不多日，长安丝厂来人（该厂系我经理），称晨间长安被炸，丝厂职工全体逃散。我立命轿夫抬往长安，遇路警，谓："长安不可去。"拦阻我行。有识我者曰："此丝厂主人也，让他冒险罢。"我到厂，饭厅为机枪扫射已七孔八洞。问："伤人乎？"守役答："逃命之初，出口处拥挤不堪，拥倒者不计其数。女工之鞋遗在地者，拾堆在大茧箢，满箢。但无人受伤。"我呼天幸。嗣往近街，则见有一童孩，挟一书包，炸死街路，卧血泊中，肚肠俱流出，惨不忍睹。其余被炸房屋，闻死者累累不复往视。

人心起恐惶，生产孰敢恃。
秋茧莫为收，聘书来一纸。
银团担任贳，统会定宗旨。
收毕择地安，仔肩暂息俟。

事变后，浙江丝厂各处停工，无复敢再行收茧。而秋茧适将上市，统制会未便置之不理。请各银行组织银团，凡各厂借款均由会准驳准则担保。会中对于所收之茧看管，银团派员监视。海宁方面设立一办事处，聘我为主任。收茧事了，堆茧地点归会团会同。

风云益紧张，避难势难已。
买舟向上游，中道群尊齿。

落日抵禹航，三宿入山里。

上海风声日益加紧，我家周王庙镇为沪杭铁路要道。避地之举，势所难已。于阴历十月九日买舟到杭，十日清晨，先至下城王炳甫门生家，继至白莲花寺居绪乾老友家。是日，乃我生日，校友及门下送来酒筵两席，庆祝寿兼送行。次晨我仍下舟开至余杭城内，已万家灯火矣。眷属宿方舍亲家，我与小孙铨秋投宿一小旅馆。山中觅到房屋，始避居洞霄宫。

一枝借洞霄，朝朝伍羽士。
群山四面高，两洞又伊迩。
游兴正颠狂，几忘桑与梓。
欲求子孙佳，师聘石泉子。
书声出高楼，闻之心独喜。

入山，赁丁姓屋。山顶有洞霄宫方丈，南宋所建，规模宏大，高宗行宫也。闻洪杨时毁于火。后宇尚存，极清静。查为杭州玉皇山道院李紫东道人所经管。乃函嘱门下凌玉章往商之。李表欢迎，命该方丈主持者潘养浩接。我遂借住也。群山环绕中有两洞，一名大涤，一名栖真，足可游玩。我忆"一生好入名山游"句，日日偕道士登天柱峰，过九曲岭，望白泥山，越虎啸山，游羁龙山等，几自忘避难而来。一日，高校同学印紫枫，家在石泉，离洞霄宫约三里许，知我在，特来访。称闲居无事，爰聘其教儿辈读。每自山下归，闻山上书声，心颇欣慰。

山腰过铁蹄，举动殊堪鄙。

搜去囊中钞，剥去身上绮。

诉与家人听，胆怯谋迁徙。

暮登金竹坪，晨望烽烟起。

日军马队到富阳，过九曲岭。我于岭下遇之，囊中法币及身上围巾等均被劫去。家人闻讯正恐慌时，我回宫诉述情状，咸主迁避。潘道士以"日间防人注意，待日暮，登金竹坪之说"进，群从之。金竹坪甚高，上有小屋数椽，四面密林，天然避难所也。前可望白泥山，后可望洞霄宫，东可望钱塘江，西可望富阳城。晨见西方烽火连天，一沈姓道士告我，曰："富阳其有战事矣。"

雨雪正飘飘，如何能步履。

新春静待晴，同伴商离此。

雇得轿几肩，随身带行李。

宫人送别时，差与离乡似。

山路苦崎岖，失足血流指。

薄暮过田边，叩门凤棲枳。

朝听山客哗，儿女齐忧杞。

挈眷回头跑，兵谏良有以。

肩夫山背抛，进退皆非是。

导入绿村坞，厄陈殆可比。

运粮运械忙，欲走须俟彼。

重把出路寻，黎明穿草屣。

时值新春，雨雪飘飘，夜间山上传来枪炮之声，不绝于耳。凡道役关门，有时亦误为炮声者。东坡诗中有"梦绕云山心似鹿，魂飞汤火命如鸡"之句。此情此景，仿佛似之，如何敢长此逗留。天一放晴，即雇肩夫离洞霄宫。但居住三阅月，宫中人均依依不舍，对之凄然。

山路难行，朝则冰冻而滑，晚则泥淖而陷。我虽扶杖，下坡时失足，竟手触石尖出血。兼之眼镜落地，碎不堪戴，素患短视，困苦万状。夜达田边，乘竹筏渡河（原有小桥，已拆去），止许姓家宿焉。

次晓，有山客来，谓新城县长已走，城门已闭，万不可去。且述路上动辄遭劫。我乃思退回横坂地方，暂听消息。已走半日矣，空山遇溃兵，说前面有战事，且避难只有向上行，万无往下退之理。我聆其言，甚是正彷徨间，所雇来洞霄宫之肩夫十余人，顾念家中，不复再肯相随，将我之行李抛去山中。四顾无人家，进退两难。有一熟于山径者称，此间离绿村坞不远，不妨投之。乃转入山谷，求止于张姓家，该坞全村姓张。

入夜，灯火并无，油烛全用竹片代之，可想见生活状况矣。居一旬，就地无物可购。欲谋出路，则该坞壮丁为运粮运械被征。无供役者，无可如何。又居数日，离坞时，已阴历正月下旬矣。

眼见日西沈，投宿谁家美。
六渚鲜空房，直向军中商。
偶逢陈仲举，礼让上下床。
中宵来醉尉，道是黄氏郎。
谊属故交侄，唤舟具热肠。

天明由绿村坞动身，至六渚时，已薄暮，寻一宿处，急不可得。我持刺往谒驻军，军官蒙派两护兵代寻房屋。不料回称曰："无。"正踌躇间，来一乡长陈姓，谈事毕，该军官指我而言，曰："此老先生逃难过此，今夜请代谋一宿处。"陈曰："别人房屋都已驻兵，我去寻觅亦无把握。祇好请到我家去。"我感甚。即随至其家，楼之上下床俱相让。夜膳后，为明晨前进计雇一船。价已说定，突来一醉汉，谓此间船俱系军用。我与之谈，自言黄姓，中学出身，并示肩章，述及门第，则故友黄克强侄也。我举克强曾相友善事告之，黄即赴河埠，用军事名义唤定一舟，坚嘱："天未明须下舟，免受飞机惊。"又曰："我辈军人，能多行一件方便事，或可少吃一粒弹。五更时，当来相送。"黎明果践约，此真军人中不可多得者也。

> 窄溪市欲近，炸弹落舟旁。
> 水底鱼浮面，舟人捞取尝。
> 死鱼防毒素，劝弃水中央。

舟近窄溪，砰然一炸弹正在舟旁，溪水尽黑，鱼浮水面。舟人取鱼图食，我劝令弃之。

> 每值天空叫，片帆立止扬。

上江行舟，遇顺风则张帆。是时，天空飞机不断，舟人不知利害。我详为之告，嘱其遇机即下帆。

> 严关遇邻妇，相见泪汪汪。

同是离乡井，东西各自扬。

舟抵严东关，我登岸至胡亨茂酒家，问旧友胡芷香居何
处。回头见乡邻王姓妇，相对嘘唏，同话逃难之苦，旋仍各
自东西。

沿江望前进，桐邑看遭殃。
惶遽过城外，谁能入睡乡。
坐待东方曙，兰溪目的偿。
入城未息足，空鸟又翱翔。
重解原舟缆，抵金细考量。
片时机两见，到底不安康。
一跌声同炸，起来幸未伤。

过桐庐时，远望火光熊熊，知正被炸。我从城外过，不
敢停留。次晨，达兰溪，登岸进城，拟寻俞守南门下而投止
也。不意甫近城门，飞机已至。急回舟，与舟人商，再上金华。
查金华此时为浙省府所在地，轰炸度必难免，故以兰溪为目
的地。而不谓兰溪亦非安宁土，乃作抵金再说之想。无如敌
机相随而行,舟达金华城下，已轧轧而来。全家入树林中伏地，
果落一弹距离丈余，幸无受伤。绕道出城，在小茶棚下甫坐
定，警报又作，家人觅得就近竹园下一防空壕避焉，呼我往。
我后至，误踏壕旁浮土，人随土下。家人疑是炸弹声，而不
知我身坠丈余坑内，起来无恙，相视一笑。

道人倡越岭，畏道笑王阳。
金浦亭中粥，宛同麦饭香。

横溪投歇店，暗得柳阴凉。

连日劳双脚，江门抬眼望。

城居非安乐，赁屋就芦塘。

　　洞霄宫道士潘养浩临行拜列门墙，沿途照料。渠于上江情形较为详悉，金华既不可留，渠主走浦江，须越太阳岭。该岭极高，行至最高峰为金华浦江交界处，有一金浦亭。空山无处为炊，该亭中有一老妪，煮卖双弓米，以供来往行人。我家人亦同谋充饥而下岭，将夜达横溪，该处无旅馆，仅一歇店，即投宿焉。店邻有一少年来问：“逃难之许姓，杭州口音，是否曾充省议员。”我起问何意，则曰：“许议员之郎，名冠臣者与我宗文中学同学。”我告以正是，渠嘱店主人侍奉甚周。次日近晡，抵浦江城，抬头见城上有“望江门”三字。城内有潘绍介驻陈隆兴铁店中，旁有石牌楼一座。我念在此万一被炸，铁石横飞，危险何堪设想。旋出城，就芦塘赁一小屋。

左有宋祖庙，右有驮龙冈。

山深林密处，隐逸确为良。

值此乱离际，小住更不妨。

南朝天子裔，都已久耕桑。

屋小雷摇动，山高风满廊。

儿女居勿惯，有仆话流舱。

盛事兰亭序，相偕再束装。

送行劳地主，黑夜视茫茫。

　　芦塘全村姓赵，相传南宋时，赵氏子孙避难到此，遂家焉。山之深处有宋祖庙，我所驻之赵乡长家，其屋后有驮龙严庙，论避难，确最适当。惟屋小如舟，雷声响时，屋为摇动。饮食起居，无一不苦。且猪羊鸡鸭遗溺满地，家人咸感不惯。有仆自越中回言，绍兴城内与太平时无异。群思离此寂寞无聊之境，进城托陈姓，雇一汽车，直达郑家坞。陈妇送行，且遣其戚伴至临浦。我登金华来之火车，坐位已满，乃坐人行处行李上。车上无灯光，盖防敌机也。

> 车抵临浦晓，山光接水光。
> 繁华原未减，直趋故人庄。
> 鸡黍留宾叙，迥殊在远方。
> 清明归思勃，沪妹未相忘。
> 遣役远来迂，乘风出越疆。

车抵临浦，天将晓。我仆系绍人，操绍语。雇舟，沿河行，遥望山阴道上风景宜人，未及登岸一游，甚憾事焉。入城则已日落西山，夜膳回舟，开往张家㟍。尽一夜之长，到达河边。甫清晨，有陈叔明、赵传贵相迎。下榻故人高鹏年家。清明节届，高邀往北山隐修庵设筵款待。路上见祭扫纷纷，颇动归思。半月后，沪妹遗人来迎，始离绍境。

> 姚江欺客懦，一味逞蛮强。
> 刺请官来禁，深宵自负箱。

舟进余姚县城，甫傍岸，即有旅馆人及肩夫围绕我舟，问宿谁家，我答以不上岸。该旅馆人谓舟中不能夜宿，我们开旅馆要纳捐，万一大家宿在舟中，捐钱从何而来，请上岸。

肩夫且下舟欲自搬行李，我以难民应当体谅，则曰："既是难民，应到收容所去。"人声喧哗，愈聚愈多，竟有欲取舟上之橹者，蛮横无可理喻。我不得已，出名刺，命仆赴公安局，请派警弹压。局长为何人，我亦不问，逆料浙江官场当不至不知我名。越半小时许，果派来一巡长将若辈驱散。深夜，往轮船埠唤肩夫，均以日间故，莫肯为劳。别雇人力车，若辈又不许。乃男女大小均自负箱篚而行，亦云苦也。

小轮飞渡甬，旧雨慰仓皇。
谁说航行歇，船开谋福将。
携家风浪逐，不顾路修长。

离张家峦后，由东关过上虞、百官渡、曹娥江，出余姚城。水陆并行，计两日，乘小轮抵甬，寓大同旅馆。访旧不遇，幸统制会马轶群时运茧在甬，常相晤叙忆。浦江动身时，盛传航行已断，然至甬则谋福轮，驶沪有期矣。登轮之上日，谱弟张天锡来寓。十余年不见，恍如隔世。渠送一席盛筵来压惊。此逃难中意料所不及也。

夜达海关埠，岸旁桃李芳。
扶登车疾驶，阿妹喜非常。

我在大同临行时，曾发一电，故谋福轮抵埠，已有汽车伺候。王炳甫、顾毅荪等门生同来迎迓，扶我上汽车。至顺康，与我妹相见甚欢。缘周王庙出发逃难之初，我妹与妹倩陈庆荣及甥宝根随我至洞霄宫。杭州将沦陷时，其姑病危，追回沪上。别离已有四月之久。

大厦居无福，寻巢进弄堂。

室笼人似鸟，嘈杂尤难当。

八九不如意，我姑避风霜。

祖居在乡土名大路口，离周王庙市约二里许。我妻朱氏以儿辈读书往来不便，于市之东购一沈家厅，修葺而居之。经数年，我于厅后筑一西式屋，名曰"高阳小庐"。旋复于庐后购地补筑退园，地约十余亩，前后房屋数十幢。日军初来时，致我一书，称如此大厦，何以不来居住，限我迁回。我痛心极矣。费多少金钱，多少心血，成此建筑物，猝遇国难无福享受。在沪租两幢楼屋，同居者五十余人，如鸟处笼中，已痛苦万状。而弄堂生涯，尤感嘈杂，忽而群儿叫嚣声、啼哭声，忽而邻右唱戏声、胡琴声，又忽而无线电报告声、机器影片声，更忽而劈拍打牌声、小贩叫卖声，最厌恶者萧萧马桶声，无朝无夜，喧聒耳鼓。欲思执笔，文思被其打断；欲思倚枕，睡梦被其惊醒。种种不安，宁付之无可如何而已。

老命祇一条，迫人事千万。

厂丝不翼飞，理债空呼恨。

函牍请公评，身心叹交困。

到沪后，此条老命，无日不为人所利用。最初长安一、二两丝厂债务猬集。厂丝六十余担，为海宁县长王翦波觊觎，派兵运去，寄存桐庐地方银行。该行我曾作书，由中国银行行长金百顺转交，托具保管，并声明任何人不得取去。不料桐庐被炸，后该行擅自将丝运沪，以贱价售去，与我所售之价相差一倍余。长厂原欠该行之款完全出于信用，并非将丝抵押。我据此理由，函请该行行长徐恩培清算要求赔偿损害。该行以照我所售丝价尚有余款，发还照该行所售丝价应付不足之数。函牍往还，不胜愤恨。结果，徐行长浼王以庄等调解，作长厂损失减拆还款论，免其未得同意、擅自处分赔抵之责。我重交情，亦尤再付九千余元，由该行负责人出一字据作讫。总之，我意但求支配各债主无缺。然煞费心力，身已不支，而抱采薪之忧云。

长厂债毕还，浙茧又相恳。
计在救难胞，俾谋工厂饭。
替购徒辛勤，气惹一场闷。

长安丝厂股款及银钱两业欠额共计三十万元左右，仅少七百余元，由我个人赔贴清楚。一事了矣，一事又来。华中蚕丝公司成立，浙西丝厂咸归该公司掌握。上海丝厂原料一无来源，适浙东蚕丝统制会运茧来沪，浙厂以迁沪为名，与沪厂竞购。我以浙厂职工逃难在沪者正苦无啖饭地，乃出为浙商购茧，力主浙茧，不容沪厂视为禁脔。始得分购一部，并推陈警先为代表赴甬预约。其时丝价逐步上长，厂商均可获利，而陈与连元丝厂发生纠纷，几酿讼案。我念同一团体，何得争执，贻沪人笑。尽举酬金五千元津贴，陈遂相安无事。盖我为人谋本，不愿得此酬金故也。

浙厂同鹊巢，鸠占群怀怨。
旋闻有转机，议把收回建。

提笔写淋漓，不计利与钝。

得尺愿总违，还算能得寸。

何物作酬庸，储币卅万券。

素性慕清廉，岂爱多金献。

尽数拨充捐，冀将钱虏劝。

人生过隙驹，焉用腰缠贯。

浙江以各丝厂自华中蚕丝公司以现物出资为名，与维新政府订约。使用后，厂商无可如何。有别订租约者，有不订租约者，有租约期满并未续订而依旧使用者，亦有不使用者，情形极不一致。厂商自己不得营业，愤恨异常。迫发还纱厂事实现，乃援例要求我以一枝笔，不计利纯，文电各机关，达到收回产权目的。虽赔偿损失未能满意，总算得一解决。厂商集议所得该公司租金额内提出二成，作为办事员酬劳。我以主任地位得三十二万元储币，全数捐助地方事业费，非故示清高也，实以平素抱定"正其谊不谋其利"宗旨。故分文不取，并以勤沪上同乡之发国难财者，稍稍祛其吝啬之见。

海塘重抢修，民力实嫌逊。

吁请发帑藏，遭斥愤官宪。

狂奴故态萌，文笔自矜健。

两部覆我音，措词变谨愿。

海宁塘工向设专局办理事变后，木石两项无从采购，年久失修，险象百出。同乡居葆辉以民众自动抢修来沪筹款，公推我为办事处主任。我以塘工经费浙省规定，岁修二十余万元，大修则不在内，值此工料奇贵，民众方面如何有此能力，乃呈请伪政府拨款修筑。不料，南京财部只字不批，实部则大打官话，斥为应毋庸议。我愤甚，倚老卖老，用私人名义函致部长陈君慧约千四五百字，声述历史，逐层驳诘。陈见函，自认主办者失当，面谕实建两部秘书厅答复，以中央财力有限，业由浙省筹费，当可逐步修复为词云。

> 凡事不怕难，讵容袖手看。
> 西湖早署闲，到沪忙宵旰。
> 时势迫使然，臣门市不散。
> 有乞解纠纷，有求救危难。
> 有欲借虚声，有谋轻血汗。
> 有托作曹邱，有商仰屋叹。
> 有望募鸿囊，有请逐虎冠。
> 种种费心神，几无一日断。
> 索文和索字，儒雅事不算。
> 一刺及一缄，获效居大半。
> 我也不自知，潜力能浩漫。
> 临膳犹忍饥，临睡犹伏案。
> 在人固稍舒，在己苦常唤。
> 一副贱骨头，鲜出门游玩。
> 自朝至夜深，劳瘁非所惮。

我在杭时，自署"西湖闲人"，镌一石章。到沪后，此章藏在家中，依旧清闲。不谓蛰处年余，沪杭路一带皆知我之住址，来者日见其繁，近几年则臣门如市也。索书楹联，年以千计；索题诗歌，月必数起。此文字雅事，故置勿论。外有债务关系，极难解决，而求我调停者，有受人压迫或被逮捕而冀我援救者，有经营商业虑为人欺而请我加入者，有捐额太巨负担无力而浼我缓频者，有闲散无事生活困难而乞我代谋枝栖者，有无米为炊告贷无门而哀我设法振济者。五花八门，无所不有，甚而僧道尼姑及办慈善事业者亦携捐册来恳。费神尤奇者，家乡不肖官吏横施诈扰，佥以非我出场不能驱除而迫我下手者，座上之客无稍间断。我是一避难无聊之人，居然一刺一函，常常获到效果，真不解所自来。应付之忙，即欲偷闲，势所不许。有临吃饭时，客未去，我祇好忍饥。稍待有临午睡时，客又来，我祇好起床委蛇。老年如此，我不求人而人偏我求。素抱热忱，不忍拒人，救人之命，保人之产，自念无负之心。家人谓我是一副贱骨头，不肯出门游玩以避，而自讨苦吃。然乎？否乎？

> 有教类本无，济济品混乱。
> 鸡鸣狗盗俦，也入我门闲。
> 探索大根苗，都是含手腕。
> 处乱说权宜，便难高崖岸。
> 环境既变迁，趁此化凶悍。
> 容纳多一分，一分减涂炭。
> 古来称良医，蓄药非片段。
> 江敦性似迂，孟尝识时汉。
> 我本此意推，兼容下决断。

我收门生始于民初，第一人为兰溪俞守南。自杭辛斋、顾子才两友物故后，益见其多。张溥泉（继）来杭谓："处此时代，决非个人能力所可周旋，必欲集会。结社太觉拘束，不若收容门生，弃取自由。且门生之信仰心较集团为坚定。"我聆其言，甚感有理。故事变前，在杭门生已不少，到沪后，复源源而来。但流品较杂矣。有语我曰："若辈无非存一利用之心，清浊不可不分。"我初抱江敩移床宗旨，徐思严格拒人必遭人怨，于地方反多不利。孔子对佛肸公山，良有深意。爰下决心来者不拒，其人平时如有不正，则加以劝告，望其迁改，因此保全良善不少。

> 翟公痛论交，一死一生判。
> 盗掘故人坟，遗骸险被爨。
> 家远难使闻，我闻倍凄惋。
> 先托取其棺，人多盗始窜。
> 急急购新阡，地择小山畔。
> 迁葬报工完，藏图待后按。

金华王孚川（廷扬），我老友也，文章道德冠一时，为浙省党部中之矫矫者。极重我，凡我触当道忌入狱，无一次不尽力营救，我甚德之。卒后，葬古荡公墓。杭州沦陷后，墓被盗掘，棺已暴露（其时人死，棺不可得。盗匪往往掘墓，见棺未损，则倾其尸而售其棺），莫为掩埋。有张静山者函告我，我不知其家属何在，即函嘱门下高炳文先移其棺于安全地，旋托张购地代葬。所费除陈德新助百金外，均由我支给。查王在杭久，平时奔走其门者户限为穿，而身后遭此危险，竟无人过问，独得一素无交谊之张出而策划迁葬。地下有知，当感张之义侠也。目下新葬地契约留存我处，俟时局平定后，交其家属。

> 每一念家庭，曷胜涕泪零。
> 先祖孙有八，于我再垂青。
> 分外加培植，青矜异白丁。
> 涓埃无以报，长愧负传经。
> 群季俱不禄，群阮少珑玲。
> 祖产传求售，痛心陋室铭。
> 长安同一辙，父业早无形。
> 坐食山将濯，何时醉梦醒。
> 书来称待哺，书去枉叮咛。
> 屡把千金赠，还嫌痧药瓶。
> 少壮不自力，坠落背先型。
> 相隔迢迢远，无从作警铃。

我家两房兄弟八人，今祇存我一人。当初祖父云樵公最钟爱我，家中延师教读，我与大房利宾长兄均入泮，余则就商。祖父享寿八十有九，我未成名以报，惭愧之至。目下侄辈夭折者多，堂侄一，不事事。胞侄四，有两侄亦甘堕落，在家坐食，将我父经绅公辛苦创造之萃泰粮食店闭歇，并欲与堂侄共变卖我祖所建之大厦。我忆及儿时读书室，不禁泪下，爰嘱门下力予保存。然侄辈时有书来告急，我尽力周之，犹不满意，讥我是痧药瓶（我乡有"痧药瓶里灌银子"一谚语，极言其小也）。噫！侄辈如此！我去书训诫，全付水流，相隔七八百里，无从面命耳提。及为之亲筹生路，以维持一哭。

再谈穷老命，湖海一飘萍。

时日家居鲜，驰驱迄未停。

饱尝缧绁味，困惫忆西泠。[①]

①我自浙江高等学堂毕业后，奔走四方，迄未宁息，在外时多，在家时少。而陷入囹圄凡六次，攸关性命者则四次，亦云苦矣。

天道真难问，生儿不永龄。

为爷期望切，训读户常扃。

呕尽心头血，中西药罔灵。

髯苏愚鲁愿，[②]卒付望思亭。

②东坡有"但愿生儿愚且鲁，无灾无害到公卿"句。

责受丧明卜，[③]情伤埋璧邢。[④]

③子夏哭子丧明，曾子以罪责之。

④邢恕子敦夫早夭，黄鲁直诗有"眼看白璧埋黄壤，况是人间父子情"句。

非熊求再世，为纳两小星。

数载一无出，良朋倡议聆。

少年皆我嗣，徇俗祝螽龄。

先向竹林选，次从芥园探。

同枝难得当，异姓许分甘。

聊胜于无慰，命名深意含。

病妻悲失五，捧负冀成三。

女是谁之女，男是谁之男。

来根都不管，教养一肩担。

己出视无异，旁人笑太憨。

我姑娱老景，血统复何谈。

五儿冠臣颇聪颖，肄业杭州宗文中学。有同学约往上海求学。我以上海繁华，少年易染恶习，不许也。儿本用心读书，我爱之。自不许其请，辄闷闷不乐，将近毕业考试，忽患呕血症。中西医治症益剧，疗养于西湖葛岭抱朴庐，仍不见效，旋夭折。我惭东门吴，而效西河卜，劝慰之书，自公卿以至名流盈尺。独沈君玄庐（定一）创一说，谓："少年子弟，凡有可造就者，皆我后也，何必己生为念耶？"我纳两小星，一徐一方。希冀非熊再来，藉延嗣续。不料数年均无出，乃循俗例，祝螟蛉焉。初思于侄辈中得一人，有禹臣者，已商得我三弟见宾同意，而我妻朱氏反对，谓："此儿亦不寿，毋多此一举，以增伤心事。"我不知其何所见而云，然未几竟如其言。复探得出嗣张氏，侄克臣之妇，行将临盆。遂与克侄约，生男则嗣冠儿，偏迟迟不堕地。乡谚有迟产必女之说，希望渐淡。而内侄文豪适于此时举一子，即抱而抚之，命名曰"千秋"，以冠儿自号"秋梦楼主"，以"秋"名孙，示不忘儿也。朱氏生三男（迪臣、鉴臣、冠臣）、二女（鑫宝、传宝），或四五岁，或十余岁俱夭。病卧床上，常怀舐犊之爱，虽抚一孙，犹言："儿女未尝不生，而竟无一在我眼前，我病如何能愈？"我怜之，允其请，先后领养男女各一，即今日依依膝下，就学中校之菊英、晋臣是也，抚如已出。老友玄庐泉下有知，以我为能受言也欤？

> 流浪来孤岛，生涯感不堪。
> 日常言吃着，节俭素无惭。
> 粗粝食还饱，不求酒肉醇。
> 破衣补还暖，不羡歌舞酣。
> 法令如毛密，长惊虎视眈。
> 吏蠹全放任，水火独惩贪。
> 配给名诚正，长蛇阵怯参。
> 出门逢草索，半路勒停骖。
> 种种艰危状，我生所未谙。
> 早知沪局窄，悔不隐终南。

避难来沪，生活程度日高。我素俭约，亦有维持为难之感。起视他人，或饮食征逐，或酣歌恒舞，动掷数万金，一若不知有国难者。说者曰："此辈正大发其国难财，傥来也易，挥霍自豪，何责焉？"我一穷读书人，既不肯仕，又不能商，得粗粝饱、破衣暖，不冻饿以死，已属万幸。尤可痛者，乡间群盗如毛，而都市法令如毛。一般利用法令者，敲诈勒索，如虎如狼，无所不用其极。所谓贪污之风，不堪究诘也。然惩办之举，百不见一。独至水火问题，一逾限度，即处断罚，毫不放松。且或借端，以遂其私。孟子曰："昏暮叩人之门户，求水火无弗与者至足也。"今则"至足"变为"至不足"，一叹。又日用之品，如米、煤油、糖、瘦皂、火柴等，美言配给，失信姑勿论，即实行，均须入长蛇阵以购。后至或逾时不及购得，常废然而返。此种怪现象不出门则已，出门则无日无地不在眼帘。且出门一遇草索拦路，便不许进退，烈日暴雨之下，真令人轭呼奈何耳。

> 荒乱话畴昔，少陵真困厄。
> 家有饿死孩，囊无救寒帛。
> 我今亦流离，八载家乡隔。
> 犹得庆团圞，饥寒又免迫。
> 比之杜所遭，虽苦觉稍适。

杜工部《咏怀》诗："入门闻号咷，幼子饿已卒。所愧为人父，无食致夭折。"又《北征》诗："床前两小女，补绽才过膝。那有囊中帛，救汝寒慄慄。"文人不事生产，一值乱离，便尔穷困，若是良可慨已。我避难离乡，一家七口依然无恙，虽不能丰衣足食，犹堪温饱，比之杜老差自慰耳。

> 一夜梦亡儿，劝爷少负责。
> 爷苦阿谁怜，爷老阿谁惜。
> 万千尽子虚，世人空役役。
> 梦听儿所陈，凄凉感慨百。
> 依依满膝前，毕竟身仍只。
> 儿入梦殊奇，复梦杳难获。

冠儿病卒二十年矣，魂魄不曾来入梦。本年六月十四夜，无端相见梦中，语极悽切，力劝我休养。不知何故，醒后咏一绝纪之。夫幽明异路，父子岂能常见。近世灵感之说盛行，扶乩招致似极易事，我未之行也。惟望复梦，竟不可得，痛哉。

老夫意气豪，仗义褫奸魄。

宁令己受亏，不忍人戚额。

磨折历重重，少小迄头白。

人间命薄奴，应我居首席。

得过今且过，何事忧朝夕。

我性憨直，动遭当道忌，吃亏固不在小，然于民众则未始无丝毫之益。自念此一生，千辛万苦，殆人间第一命薄奴乎。

我年七十余，岁月愧虚掷。

急想补蹉跎，其如兵祸剧。

不能为文渊，自请驰疆场。

郁郁危城居，高吟岁寒柏。

山河举目殊，衰朽无良策。

含泪写此诗，自叹境多逆。

身世几忧愁，沧桑几变易。

何时烽火休，全家归故宅。

再睹太平天，揖我振衣石。

袁简斋诗云："韩苏李杜从头数，谁是人间七十翁。"可见人生七十是大不易事。我今年七十有一，饱经忧患，阅尽沧桑，而一事无成，宁不愧死。值此流离颠沛之秋，虽束身自好，有岁寒松柏未曾凋之吟，究竟未尽匹夫之责。清夜扪心，辄呼负归故乡，长揖振衣峰之石以没世，于愿足矣。

此作历叙生平及自注，与《己卯七古》，虽事多重复，然较详云。

乙酉七十二　六律

（一）

一别家乡已九年，艰难困苦日呼天。
眼前儿女俱成累，腕下文章不值钱。①

① 劝募塘工捐，书致富豪盛幼盦者，三迄未得一覆。

立定脚跟待浪静，放开胆量任风颠。②

② 沪上空袭时期，人心恐慌，纷纷迁避，有劝我回乡者，我以听天由命答之。

乱离况味今尝尽，默念平生祇自怜。③

③ 六次入狱，四次几流血。

（二）

老来更比少时忙，两字无非是热肠。

情急相求且吐哺，夜深有事辄离床。①

①近几年来敌伪肆虐，就商营救者，日必数起，直令我寝食不安。

挽回大利谋生产，②捍御狂澜募筑塘。③

②蚕丝出口为江浙大利，自敌人统制后，清白丝茧商无从染指，且多数丝厂被敌占用。经半载向伪政府力争，始得收回产权，然损失不堪矣。现政府接收敌伪财产，我呈请将蚕丝部分不作别用，留充复兴蚕桑事业经费，以挽回对外贸易，保存固有利权。

③海塘关系七郡生灵，沦陷后，年久失修，塘身岌岌可危。本年组织塘工协会募捐抢修，秋汛狂潮，幸免出险。

精力朝朝几费尽，医言休养愿难偿。④

④医生以我年老，劝稍节劳。

（三）

俭为美德要躬持，耐守清贫莫俗随。

海上繁华无我分，①家中节约尽人知。②

①来沪八年，微特戏院、舞厅、电影场等从未涉足化钱，即茶肆亦已六年不入矣。

②我家无男仆女佣，一切动作皆自为之，凡可省者则必省。

聘书屡作谢公却，③训语常遵朱子遗。④

③谢叠山有却聘书。我薄有微名，浙省伪政府每思罗致。如汪瑞闿、项致庄、丁默村等，或派员来邀，或亲自面请。我均拒绝，聘书亦先后退还。

④朱柏庐先生家训谨遵守之。

休道老夫太自苦，年来物力委难支。⑤

⑤物资稀少，价格奇涨。

（四）

大好光阴一掷中，青年已变白头翁。
齿牙尽落常资水，⑥皮骨仅存最怕风。

⑥我年余不吃饭，日啜双弓米三次。

烟雾满乡归有待，①云山万里憾无穷。②

①家乡游杂部队掳劫时闻，安居两字尚谈不到，故不得不迟迟我行。

②重庆当局大半系我老友，我未能杖策驰驱追随其后，去书每引为遗憾。

七旬又二人间少，看透豪雄总是空。③

③当初轴心国何等气焰？今安在耶？

（五）

还我湖山喜欲狂，国旗到处又飘扬。
邀参宣导才惭拙，④浼助指挥力愧强。⑤

④苏、浙、皖何宣导委员民魂，对于杭州工作邀我参加，未允。

⑤淞沪第三区忠救军张指挥官宝琛躬请协助，我愧力薄未克，尽量相助。

纵使故交都促返，犹愁遗孽不胜防。
再留海上原非计，稍待澄清便束装。

（六）

年年忧患度生辰，^①今值生辰夜已晨。

①阴历十月十日为我生日。

满望云烟能散尽，谁知风雨尚来频。^②

②指中共问题。

小民憔悴偏尤甚，^③全国和平迄未真。

③苛捐杂税，无奇不有，乡间按户摊派，民生憔悴极矣。

残局如期收拾下，那容兕酌庆长春。^④

④年年生日，故旧门生欲为我称觞。我以时局敉平后为约，而今何如。

丙戌七十三　二十绝

（一）

九度生辰流浪中，今朝仍是未归鸿。

前言欲践犹须待，①好在攘夷已奏功。

①历年生日，亲友欲为称庆，予坚拒，以时平还乡为约。

（二）

未能抛得是杭州，两度言归无限愁。

昔日鹊巢鸠占尽，栖身还费百方谋。②

②战前所居之宅被人占住，现正凭人勒令迁让中。

（三）

久想回乡迄未回，问因何事此低徊。

欲将心境从头诉，难尽千言祇自哀。①

①种种原因，欲归未得。

（四）

一事蹉跎正十年，荆妻灵座在堂前。

频劳亲友时相问，亟盼澄清举室旋。

（五）

家园景象究如何，庐舍犹存残破多。

从事兴修大不易，得过祇好忍且过。

（六）

八年抗战尽英雄，禁占民居过耳风。

图保敝庐须自驻，家人分散各西东。②

②占住民房禁令无甚效力，祇好分一部眷属回去驻守。

（七）

公同事业逼人来，东走西奔日几回。

驷马高轩无我分，常将徒步代轮胎。

（八）

需费狂增到杏坛，读书两字也诚难。

我家儿辈应求学，那好言贫袖手看。

（九）

世道人心大变更，国家受害实非轻。

纵观朝野都沉默，记念尼山百感生。①

①日寇内犯后，世风不古，险诈贪污触目皆是。杭人恢复孔圣纪念会，仍举予为副会长，益增感慨。

（十）

征粮旧调已重弹，无数乡农心胆寒。

我亦被催诗兴败，家书两石要先摊。②

②征粮一事，农民不胜苦痛。予得家书，亦称先期要摊借两石。

（十一）

家事千钧付一肩，儿孙两代未成年。
开门七件都须顾，谁道老来好学禅。

（十二）

都是相随数十秋，遭逢国难各飘流。
剧怜两地分离后，归去已无一个留。①

①战前，予有老仆三人，今已无一存者矣。

（十三）

都中旧友滑稽流，函问为何不下舟。
报道文君头已白，岂甘再嫁贻人羞。②

②同学某以予在沦陷区略有微名，何以能不落水。予据张君咏霓言告之，盖张在日与予作竟夕谈，有"我辈老寡妇，何可再嫁人"语。

（十四）

赔了精神又费钱，为人排解总求全。
世间仗义知谁是，景仰前贤鲁仲连。

（十五）

劫中损失莫天尤，文字有缘感旧游。

不独孙公遗札在，蒋公手迹也还留。①

①一度回家检视书室，损失极多。然三十年前中山先生
海宁观潮后所赐之书，及蒋主席奉孙先生谕转来"猛进如潮"
四字函，均犹在。

（十六）

看家狗每被人欺，几度攸关性命危。

赢得同呼翁不倒，敢云年迈辄推辞。

（十七）

丝茧危机满目前，齐谋挽救急呼天。

痛心盟友偏扶敌，累我枯肠搜索连。②

②本年丝茧业陷于困境，缫贷茧贷费笔墨。此次日茧运
华之要求，又为盟邦顾问所拒。迭次文电俱予捉刀。

（十八）

蚕丝领袖说三星，同是古稀以上龄。

劫后回杭留色相，白头中坐侍年青。[①]

① 陈君勤士年七十六，褚君慧僧年七十四，予年七十三，同为浙江丝茧两联会主席。前月回杭,开复员会,到者数十人。会毕摄影，陈、褚与予中坐，各同业代表侍焉。

（十九）

行年七十又增三，历劫遭磨不再谈。
自诩此身还健在，笑他威武合怀惭。[②]

② 增韫、袁世凯、孙传芳等均欲置予于死地，今安在耶？

（二十）

眼看遍地是哀鸿，何忍称觞称寿翁。
奉劝亲朋门下士，仍移嘉惠济贫穷。[③]

③ 去年，曾劝祝寿者不必来沪，请移其费以施粥。今仍抱此心。

丁亥七十四 十六绝

（一）

古今多少拥威权，能有几人享大年。

我每自怜还自笑，穷途早许老而传。①

①《礼》云："七十曰老，而传"。

（二）

白头灯下记当时，语与儿孙静听之。

化险为夷曾几度，赢来不倒称翁诗。②

②亡友杭辛斋赠诗，有"屡踬何妨仍屡起，可怜不倒已
称翁"一联。

（三）

走俗抗尘二十秋，漫将秃笔效班投。

迩来文字催如债，搜索枯肠夜未休。

（四）

茧丝大业正垂危，奔走号呼乞护持。

惹得时流频蹙额，座谈会上独期期。[①]

① 农林经济两部所设之蚕丝产销协导会，予被邀列席。每对不合理之处，辄期期以为不可。该会委员多数时有难色。

（五）

合作问题付我身，惭无力可致钱神。

书来书去徒饶舌，未荷仁囊慨济贫。[②]

② 上海市合作消费社，举予为理事长。以前欠中农行合作金库之款未之清偿，函请续借，竟遭婉词拒绝。

（六）

侄妇秋来又暴亡，童年子女苦无娘。

从今教养伊谁任，祇合老夫一力当。①

①侄儿禹臣早夭，其妇今秋又暴亡。所遗子女各一，均在童年。此后教养费，予不得不为之负担。

（七）

秀士人情纸一张，而今纸亦价高翔。
纷纷红白柬飞到，都是想叨翰墨光。②

②礼尚往来，自古已然。今海上风气不问有无交情，动辄以红白柬相贻，大有应接不暇之概，且不欢迎。予送礼物独希望楹联，讵知洛阳纸贵，即一联已非巨万元不办。

（八）

相需事业抑何多，到老犹教忙里过。
总是前身债未了，今生催迫不容拖。

（九）

浙大校名几变迁，后先同学半茫然。
今朝少长欣咸集，值得豪呼断复连。③

③前清求是书院改为浙江大学，劳乃宣监督辞职后，陆懋勋太史继任，奉清廷令改为浙江高等学校。予高校学生也，前年校友聚餐，咸以母校不复存在（入民国后仍改为浙江大

学 ），同学年少一年为叹。今浙大发起同学会，凡求是、高等及文理农工等学院均列入浙大。予年最长，同学向以族长见呼。是日，国际饭店开会，予扶病而往，以高校列入浙大，断而复连，甚快慰。

（十）

小筑退园退叟名，尊荣敝屣一身轻。

下车久已嗤冯妇，见猎何尝便动情。[1]

[1] 国大选举，予绝不竞争，居然列候补第一，足见乡人情感。

（十一）

如此八年浩劫中，敝庐检点未全空。

三分所有犹存二，合感徐姬策划功。[2]

[2] 予家器具书画赖徐姬回去搬藏，得存十之六七，幸矣。

（十二）

一年两度到杭州，未出户庭打桨游。

自署闲人闲福少，可怜仆仆为人谋。[3]

[3] 本年回杭两次，一为茧业联会开会，一为杭海汽车公司开会，均未出门，一游西子湖。自署闲人，今则已无闲福。

（十三）

一鞋十载尚如新，差与晏裘俭约伦。
满愿家人齐步范，常思物力维艰辛。①

①予二十七年春避沪，以一元二角购一缎鞋，外出始著。
平时儿女所不适用之鞋，藉以穿着，故该鞋依然如新。

（十四）

孤岛流亡正十年，欲归诚恐未安全。
四乡匪案层层见，渴望澄清待几天。

（十五）

人间七十亦寻常，艳说我家世寿长。
先祖耄年先父耋，藐躬七四幸康强。

（十六）

年年生日戒排场，不步庸人自扰忙。
今岁及门偏作剧，行踪到处辄称觞。②

②予因事赴杭，杭州门下以久不庆予寿为歉，乃设筵相
待，过硖则诸生效颦。回沪正值生日，亲朋复循旧例，致予
无一可拒却。

丙寅狱中记

丙寅狱中记

予性戆直，屡遭文字狱，辛亥一案无论矣。癸丑宁沪之役，予因劝告独立一书，前都督朱瑞奉袁世凯电令拏办，拘押军府，凡四阅月，始得释。予念铁窗风味，昔贤尝之者多矣。予虽不能有文文山甘如饴之气概，要无所悔。平生好直言，发奸摘伏，不为人稍留余地。孙传芳入浙后，外示牢笼，阴行箝制。予所办之《杭州报》，屡濒于危，侪辈屡为予忧。予以不要钱，不怕死自誓。每遇孙所措施，辄本浙人爱浙之心以立论。李佳白曰："下笔时，当勇于衔命赴敌之军人。"予自问可以无愧。

阴历二月初九日午刻，有宪兵营长张葆义来寓，投刺请见，予适外出，未遇。次日上午，有电话相邀，予遂乘车赴宪兵营。张接见，坐谈未久，即称参谋长宋梅村嘱偕往谈话。予至总司令部参谋处，宋持《杭州报》出，开口即以苏、浙两长对调之新闻为诘责。予佯以"回里数日，报上所纪出于何方消息，不知"对。宋曰："照此新闻，不独妨害一省治安，实与两省大有关系。"予曰："此项消息，京沪各报均纪之，不能专责《杭州报》。"宋曰："他报无去陈去夏之说。《杭州报》之为此言，含有挑拨意义，不能不查究。何人投稿，须交出访员来。"予答以"未便妄指，须向报馆中查问"。宋令护兵接电《杭州报》馆，嘱予至办公室自问。予语报馆中人曰："顷在参谋处，两长对调之稿何来？"报馆中人答曰："此稿系上海来。"予语宋，宋命护兵送予至军法课。坐一句余钟，与陈雪艇、钱啸仙两课员闲谈，探询予事，均答未明。予逆知祸作，即托陈氏奔告顾子才氏。旋有两护兵来，押予至陆军看守所。途中遇省议会同事孔修氏，予乞其将被逮情形，转告诸友。到所后，所长为一陈姓，上虞人。在所长室稍坐，即有守役催到检验室，解衣检视。予身无他物，祇英饼一枚，即交出。送予至一室，祇一骨牌凳，锁其门而去，其时约二句钟。三时许，军法课长黄成霖，偕一姜姓课员来。黄因与予相识，避而不出，令姜姓课员莅庭讯问。问明籍贯年岁，即提出两长对调之新闻，口气与宋梅村无异。予以上海来信为答，姜较宋进一步，不问访员，问由何人发稿。予曰："适从里门来，未到报馆，不知也。"姜令护兵伴予至电话室，询问《杭州报》馆，久摇不接。一宪兵告曰："《杭州报》馆已封，无人接电矣。"乃回庭告之。姜曰："既系《杭州报》经理，一切均应负责，此项新闻所关何等重大。"予曰："前天《上海报》，均有此纪载，何不向《上海报》查究，而独向《杭州报》查究。"姜曰："上海自上海，杭州自杭州。《杭州报》所载之文字，与《上海报》不同，必须交出发稿人来，方可免罪。"予曰："《杭州报》虽发达，然资本甚微，非分职编辑。予之良心，不敢任意诬指。

且编辑部人员，月薪极薄，任何负责，予俱不忍。"姜命予开一编辑部人员名单毕，予自认疏忽，声请不必拖累他人。姜曰："还押。"予回至原室。晚间有查诵坚、张孔修二氏来视，嘱予安心。未几奉总司令卢香亭悬牌，停止接见。

予在看守所，除查、张二氏外，仅见到戚怡轩氏四次，陈廉斋、邵维勤、吕韶美三氏各一次，余友皆不得一面。所中搭一铺，被褥由仆送来。初时，不允吸纸旱烟，嗣由仆送到雪茄烟九支，火柴由所长陈姓允可方给。每日之膳，予津贴厨役银一元，尚堪适口，茶水亦随时可取。所中有一马姓匪，时唱的笃戏，绝无顾忌。予闻而异之，询诸守役，则言此匪极强硬，当问官鞫讯时，渠一一承认。且称不仅此数案，不获则已，获则请速毙。兼称前数日枪毙四犯，祇一赵姓当死，余俱冤枉，而自己乃死有余辜等云，此真不愧小说中所纪之绿林好汉也。

予在所无事，向某所员借到《阅微草堂笔记》四册，藉以消遣。初抱定祸由文字而起，不再动笔墨之主义。继以寂寞，不可无狱中纪念品。乃姑吟诗，且为一所员邱姓改一文。夜阑人静，百感交横，默念年来儿女俱亡，良友如任茂梧者，亦死，即牺牲此身，亦寻常事。听彼武人，要如何便如何耳。早间六时起，晚间七时睡，认作释家坐禅之举，了无所恐。杭城报纸，不知何人由铁窗中掷来，亦有见到，惜不得日日见之。

据守役报称，予事杭城绅商各界，齐为营救，不日当见释。十八日开庭，予方欣喜，以为将释也。讵知杜佑樵下石具诉，姜课员据杜禀来讯。予思此司法事，与军事无关，何得受理。

正欲声辩间，忽转念至此何苦再讲法律。取阅杜禀，系诉予毁坏名誉事，并阅新闻，祇记杜某挈一女弟子到沪。予曰："报载程度，未为诬辱。"姜曰："前清风流两字，便可撤参。"予曰："民国已无此办法，且收女弟子，何损名誉。《小仓山房集》内，袁简斋所刊女弟子诗不少，岂袁氏自行诬辱耶。仁者见仁，智者见智。就文人眼中视之，此一雅事，何必计较。"姜曰："杜氏是否有女弟子，是一个问题。"予曰："报馆与法庭异，无经过搜查证据之必要。兼之王少耘躬来予寓，说明与杜氏为邻。眷属往来，事诚有之。其女已许一祝姓，并无其他之行为。"姜曰："何不更正。"答以："王氏尚未要求，杜亦未有函来。"姜曰："既不更正，是实认杜氏有女弟子也。"予曰："陈平盗嫂，见之汉书。陈平自言无兄，则安得有嫂。然当时社会有此说，故书中不代为讳。况报纸有闻必录乎。"姜无词，一声还押，予仍回斗室。

　　又不知何人，掷示一纸，谓予将送入陆军监狱，予似未信。次日果传予至陆军监狱宣判，姜出一白纸红字条读之。予聆之，不甚了了，取而视之，系坐予"阴谋内乱罪"，连"诬辱罪"，共处十四年又六月刑期。既无事实，又无理由，兼无条例之根据。予大愤，戟指而诘曰："审讯不录供，判决不据法。内乱罪以暴动之起否为标准，如此诬人，予实不服。军法虽无上诉，军法当有再审。前都督朱瑞任内，予曾经再审，请暂免执行。"予即提出请求再审状。姜曰："此南京孙联帅来电，遵办而已。"遽退去。予无可陈诉，由两护兵挟之行。抵检验处，监役即将予之眼镜及皮袍裤带等，一并解除，送入乙监一号。予本短视，手挈裤腰进监，见先有四犯兵在。门甫锁，邻监问来一新客人怎样，同监者答曰："待新客人心思稍定，问明再说。"尔时予心甚慌，恐遭犯兵之辱。盖自来小说中，每纪监狱之私刑，较法庭更厉，予脑筋中亦有此观念也。不料移时，某犯兵即给予一裤带，予德之，问带从何来，则言自结，并以所穿之鞋示，亦系纱线结成者。复历述于所蒙棉被内，窃取其棉，抽作纱，由纱搓成线，将线结带结鞋。予叹监狱生涯，似有足述者。抬头见窗上有笔砚，向同监者索一纸，作书与前省长张暄初氏，请其援救。书成藏之夹袋。某犯兵问予判何罪何刑期，予具告之。齐声道喜曰："隔壁看守所，时闻枪毙犯人，到此则性命保全矣。"又曰："陆军监狱，为命令机关，非同司法机关之拘束，判决年限之短长，不成问题，但得外间有人设法，总可从早出去。"予思事发后，杭沪不乏营救之人。闻同监者语，为之一慰。

同监者虽皆兵士，以予为报馆中人，且系议员均极尊敬。问予浙军官长之近状，予一一告明。一犯兵问卢嘉帅近尚带兵否，予告以卢在天津，部下星散，祇第十师由郑俊彦统摄，驻防淮海，现用浙旅长郝国玺为参谋长。盖该犯兵乃卢永祥旧部，降孙传芳而逃，又被获者也。不忘故主，其心可取。又争问孙传芳现状。予曰："现自为南京总司令。"此辈在监已久，但知孙为闽浙巡阅使，而不知有卢香亭为浙总司令也。

时方五句钟，即开晚膳，每人两木碗黄糙米饭，一碗白水菜。予嗅之，其气难受，示不欲食。犯兵齐劝稍稍食之，以免饥饿。予思当道盛燕，亦尝列席，举箸时军乐大作，常常受教矣，监饭若何不可不一尝。进三口，不能下咽，乃放下木碗。同监者膳毕，监役送一面盆水入，予以为洗脸物也，某犯兵取至予前，请饮，始知其为茶。予亦不欲饮，各犯兵轮流牛饮，若甚甘之，此可证监中饮食之状况也。须臾予之被褥，由看守所转来，某犯兵让其自己所卧之地位，代予铺陈。予视此监，仅容五人横卧，而最难堪是撒尿屎处，感某犯兵之美意，得免前清考试时之臭号，亦云幸矣。监中入夜即黑暗，不见电灯光。予就被后，各犯兵围坐予前，问张作霖、吴佩孚战况。予举所知以答，皆大喜，谓："张、吴合作，攻下北京，即可攻南京，打倒孙传芳。"予责以何出此言，则曰："监中无话不可说，我们无一天不骂孙传芳。前年段祺瑞登台，大赦令到，典狱官马飞青传谕，俱可释放，后来竟不实现，所由人人恨孙传芳。"予正与各犯兵长谈，忽有玻璃灯光射入，监役禁勿作声，始各就寝。予反侧不成寐，而各犯兵之鼾声作矣。

天明齐起，予盥漱毕，厨役送粥至，视之带黑色，仍不欲食。某监役重予名，以一磁壶茶进，余稍饮之。监中无凳咸席地坐，祇一楕圆形小而矮之桌，为膳时之需。某犯兵告余曰："向来看守甚宽，自上年监犯脱逃案出后，乃加严。"并于铁窗中指点逃犯之处，谓该监共有四人，三人逃去，一人不及逃，嗣亦开释。当越狱时，前者登后者之肩而逾墙，最后者不得上，非不欲逃也。

犯兵以予系文人，请代写信，予具应之。写信毕，有以求释之呈就正者，予亦为之笔削，兼代缮正；而邻监之呈稿五六纸，均传递过来。其传递之方法，则甲监与乙监用一长线，抽之上下。予视五六纸，乃一人手笔，措词略同，无非叙父母之病亡，予于未安处酌予改正。是日十句钟前，仿佛为同监中人充当书记之职，以未戴眼镜，写字甚苦。旋有监役传言马典狱官有电话来，将移予于病室。同监者咸有恋恋不舍之意。有谓何幸而得遇先生；有谓先生移至病室，此间距离太远，不克通讯；有谓先生外间有人帮忙，数日内必可出狱，吾辈将来刑满见释，愿侍先生侧。谈谈说说，马典狱官驰至，嘱予稍忍毋躁。送予至病室，予之眼镜、裤带亦索回。马本予之老友，百方劝慰。予语之曰："昔年在狱中，甚狂躁。此次心气和平，安之若素。所忧者父老妻病，务乞时通声气，劝予父及妻放心。"马颔之，予出书托其转交张暄初氏。

入病室，先有两该监狱职员在。该两职员，即脱逃监犯时，受疏忽之咎，而判处十年刑期者也。一盛姓，与予有邻谊（予住灰团巷时，盛住对门）。一叶姓，年甚轻。另一张姓犯兵，侍奉其间。少顷，马典狱官命予仆送桌凳床板来。予叹曰："陆军监狱，虽无优待室，而有病室，不啻身入医院耳。"十一时半午膳，盘殽纵有兼味，而均不堪下箸。予吩咐厨役曰："马典狱官嘱予津贴三元一月膳费，予愿津贴卅元。"盖定章监膳每月三元三角，盛、叶两人，各津贴三元，予以人生至此，讵容吝惜金钱，特嘱特别办理。晚膳乃与在看守所时同，总算饮食尚无所苦。入夜略有电灯光射照，较普通监稍免黑暗。予既昏便息，黎明即起。上半夜有时在睡乡，下半夜则等待天明，殆无日不如是也。每晨六句钟洗脸，七句钟啜双弓米，午膳在十二句钟前后，晚膳则夕阳尚照监门，大都在五句钟左右。监中无可排遣，除向寓中取到《韩昌黎集》，实行愁来读三字外，祗吟成七律诗数首，又与同监者下过一回象棋，接过一回暗龙。其棋其牌，予问何所出，同监者曰："监中费多少工夫，始成此游戏品。"最初将厕纸浸于水中，俟其溶解，和以粥，使其粘性。预造一棋与牌之模型，将所成圆方之块，晒在铁窗板上，干燥后，犯兵乘出监洗衣之际，于旷地拾取鱼骨，将牌钻点，用墨笔涂黑，其红点则系外来信封上之红纸粘之。至象棋则无红蓝之分，祇用墨笔写字。而以偏旁加一人字，为红棋符号。且述从前有雀牌一副，亦如此造成。其索子用青色，系拔草，捣取其汁而为之，后被监役搜查而去。现惟有天九牌与象棋两种，查监犯身边，不名一钱，而有此赌具，则全属消闲性质。监中咸吃黄糙米饭，独病室得吃白米饭。予每日所余之饭菜，送给邻监，邻监有一犯兵，本业成衣，看守员之衣服，大半皆此犯兵尽裁缝之义务。传送饭菜，亦此犯兵供役也。

予查各监犯兵，有静看小说者，有高声诵经者，字有不识，则问诸看守员。予同室之叶姓，日读外国文数页。盛姓晨起，必喃喃念经咒。张姓则习字，俨然如学校课程之规定。又犯兵中有向业农事者，监中四围之地，由看守员于轻罪或刑期将满之犯，择令工作，或垦地、或芟草、或种瓜茄，要皆于午后督同行之。闻有一疯人，独居一室，足部溃烂，一日自饮其脓血，监役争视之。以系外省人，无人保领，情状极惨，谅不久必瘐死。予在狱共十九日，寝膳事半由张姓代劳，不啻得一仆焉。

二十八晨，马典狱官来，谓今日当省释，有金润泉、王竹斋、徐清甫、王湘泉、祝星五诸先生保函也。午后二句钟，军法课员姜姓至，传予出，不问一语，祇交一结稿，令予视。稿中有别字，有不通句，一味认罪悔过，结尾以永不办报为主要条件。予以幸得生还，何必再论是非，呼牛呼马，靡不应之，立以签字请，姜姓嘱照录一通。予退入书记室，一字不易，眷之以进。即有友人居绪乾、叶伯周两氏，担保画押。予取皮袍穿之而出，马典狱官送之门外。一场文字祸，就此告一段落。予即赴朱公（瑞）祠（在陆军监狱对门），与张树屏氏握手叙谈。出前门，偕欢迎者乘车回板儿巷寓所。杭总商会会长王竹斋氏已在，他客来慰藉者，踵相接，予一一与谈经过之种种，咸呼不幸中之大幸。

此役也，陈蔼士、周赤忱两氏营救最先，沪上章太炎、褚慧僧、殷铸夫、蒋伯器诸公，拍电为言。予之乡友，暨地方各团体，亦函电纷驰。而尤以王竹斋、顾子才两氏奔走最力。较之癸丑之事，更觉惹人注意，爰濡笔而为之记。

附狱中感赋七首

（一）

身世如予亦可哀，铁窗风味此三回。①

① 清末民初与今。

膝前儿女都陈迹，②腕下文章尽祸胎。

② 三子二女俱殇。

闻道将军关喜怒，③相传老父极徘徊。④

③ 闻卢香亭怒予甚。

④ 予父来杭，有劝之归。而予父以予未释，不忍离杭。

狱中度日长于岁，强作禅房养性来。

（二）

　　戆直由来是性成，读书结习傲公卿。①

　　①孙传芳来浙，曾嘱周赤忱氏，邀我谈话，予拒之。

　　灌夫善骂原非福，②坡老微词岂为名。③

　　②太炎、伯器、铸夫、慧僧诸公来电营救，有"即如鄙人辈，亦尝受骂"句。

　　③予于《杭州报》中对孙传芳屡加指摘，无非爱浙之心。

　　但愿他人毋后起，不妨以我作先生。
　　文豪两字谈何易，多谢军门笑语声。④

　　④卢香亭对报界同人宣言有"许先生是个文豪，兄弟是个武夫"说。

（三）

　　谳吏威尊至可惊，畸轻畸重未凭情。
　　争看新客如新妇，⑤遑论罪期与罪名。⑥

　　⑤予初入监，感呼来一新客。邻监之犯，争欲一睹。

　　⑥予判处十四年又六月内乱罪。同监者以命令机关取消，极易相慰。

尽有叹声希善视，^①还闻贺语庆偷生。^②

①予宣判时，有某护兵在旁长叹，阴嘱监役优待。

②予判处一等徒刑，而同监者齐声道喜，予不解。答曰："看守所时有枪毙，至此则性命保矣。"

古来囹圄浑闲事，且听江潮诉不平。

（四）

此有远因与近因，东南时事太详陈。^③

③《杭州报》有东南时事记一栏，指摘孙传芳处甚多。

郦商自昔曾分席，^④郑产而今已绝尘。^⑤

④卖友事，予素耻之。并无诿其责于顾平之氏说。

⑤子产不毁乡校，而《杭州报》被封。

痛惜青年囚里老，^⑥怕看白发镜中新。^⑦

⑥兵士之判处十余年刑期者颇多，故云。

⑦入监数日，两鬓俱白。

两军威武雄吴越，^⑧未许优容一士人。

⑧指孙及卢。

（五）

多少健儿困此中，^①那堪文弱亦相从。

①陆军监狱计有兵士七十余人。

挪揄尽让庭前鬼，^②寂寞还赢阁上雄。

②向监役取茶水，有时不应，有时以未沸水进。

嗟我故人皆隔绝，^③累他老客不通融。^④

③予入监，奉令停止接见友人。望视者咸不得一面。

④监中老犯因予故，益遭看守之严。

伤心一事难回首，卧榻今无任子同。^⑤

⑤癸丑一役，任子茂梧在狱同榻，今任子已亡。

（六）

我本西湖狂者俦，一枝秃笔鬼神愁。
几回祸患从天降，五载艰辛付水流。^⑥

⑥《杭州报》出版五年予之心血耗尽，今被封闭。

下石有人输柳子，^⑦免囚奚日告祁侯。

⑦指杜佑樵因女弟子事控诉。

迩来半月闲无事，总算南冠是息休。①

① 予办《杭州报》后，无一夜不埋头灯下，劳苦极矣。入监便无所事事。

（七）

音信今朝自外来，又惊又喜又疑猜。
满城如许相营救，②当道何因肯挽回。③

② 杭城绅商齐为缓颊。

③ 闻以三百万公债事，蔡朴进言之效力。

操笔廿年心未死，④还家百里梦频催。

④ 予主笔政已二十年。

他时幸得离羁绊，好把田园桃李栽。

后　记

　　许行彬（1872—1953），谱名葆光，后改名祖谦，自号"虎口余生""西湖闲人"，以字行。浙江海宁周王庙人。民主革命者、南社社员、浙江办报先驱、书法家、诗人。早年加入同盟会，追随孙中山先生，致力于推翻清政府；浙江省议会一至三届议员，反对袁世凯、抨击军阀；创办《浙江白话报》《西湖报》《良言报》《杭州报》等，鼓吹革命、为民呐喊、伸扬正义、几度牢狱。曾邀请并接待孙中山先生来海宁观潮，获赠"猛进如潮"题词；又任国医浙江分馆馆长，后实业救国，致力于蚕茧丝绸业，对江浙沪及海宁地方多有贡献。1951年被错判，1999年得平反。如今，许行彬先生作为民主革命志士、辛亥革命元老、孙中山先生挚友，普遍受到人们的尊重和敬仰。在周王庙的行彬先生故居"高阳小庐"，被列为爱国主义教育基地和浙江省省级文物保护单位并成为新时代文明实践的一个重要场所。

　　由于历史原因，行彬先生的著作大多散失。收集、整理、出版行彬先生的遗作，成为许行彬研究的一项重要内容。2014年6月，我与沈芷华女士（许行彬先生孙媳）在上海图书馆，寻觅到了收藏在那里的《十年流亡之生日吟》和《丙寅狱中记》二书。2017年6月，沈芷华女士在海宁图书馆找到了该馆馆藏的《行彬文稿》，整理后发现此藏本为残缺本（有的目录有、文章无，有的缺损不全）。2021年6月，沈芷华、沈惠芬（许行彬研究会会员）两位女士又去杭州浙江图书馆古籍部，在当年行彬先生主办的《西湖报》上，查到了《行彬文稿》中缺失的七篇文章，一起编入《行彬文稿》。当然，余下的残缺文章有待于继续寻找。

　　《行彬文稿》是行彬先生应钱笹仙先生之约，由行彬先生手书而成，故目前鲜有存世，且日久年深，原书多有损毁。关于笹仙先生，这里多说几句，笹仙先生即钱振常先生（1825—1898），浙江湖州人。进士，官礼部主事。曾任绍兴、扬州书院山长，蔡元培是其学生。晚年精于考据。治小学，能究文字之变迁。与我家高祖许仁沐相交甚笃，许仁沐将其外甥女单士厘嫁给钱振常长子、著名外交家钱恂，以结秦晋之好、天作之合。钱振常次子、钱恂弟钱玄同为我国近代新文化运动倡导者之一，其子钱三强为著名物理学家。原书的题签，是行彬先生于宣统元年（1909）自题。

　　《十年流亡之生日吟》可称是行彬先生的诗体自传，它记载了行彬先生的人生起伏轨迹，也反映了辛亥革命及民国期间的政治风云，为研究浙江近代史记录了重要史料。堪称"一本十年流亡记，半部浙江近代史"。原书由余越园题签。余越园（1883—1949），浙江龙游人。曾任民国司法部次长、代理总长。北京美术学校校长、北京师范大学及北京政法大学教授、浙江通志馆馆长等。善属文、精鉴赏、长方志、富藏书，尤工书画。

《丙寅狱中记》是行彬先生关于数次牢狱之灾记述最详尽的一次。原书于丁卯年（1927）由周承德题签。周承德（1877—1935），浙江海宁盐官人。自幼酷好书法，受聘于浙江求是书院、第一师范学校等。南社社员，为西泠印社创始人之一，一度担任过社长。与柳亚子、邵力子、苏曼殊、马一浮、李叔同、经享颐等交好。原书的扉页上附有行彬先生图像，上有书画家潘祖翼题字"许行彬先生出狱后之肖景"。

行彬先生自述："五十年来，为国为民，不满于当道措施之文字，与夫上论古人及遨游南北，啸傲烟霞，感慨身世诸作，积六大册。呕尽心血，俱于倭奴浩劫中散失无存，此诚一大憾事也！"行彬先生流亡沪上十年，除《十年流亡之生日吟》已于1948年付印外，另有《山中吟》《海上吟》及大量公私函牍，目前尚难觅踪影。

斯人已去，风范长存。纵观历史，行彬先生曾是位风云人物。他的一生充满了浓厚的传奇和悲剧色彩。通过阅读他的这些著作，人们可以从中看到一个鲜为人知的客观真实、义正才横、卓而不群、血肉丰满、栩栩如生的人物。

海宁许伟平识

辛丑年八月初十

图书在版编目（CIP）数据

　　行彬文稿 / 许行彬著；海宁市周王庙镇人民政府，
海宁市图书馆，海宁市许行彬研究会编 . —杭州：浙江
工商大学出版社，2021.12
　　ISBN 978-7-5178-4390-0

　　Ⅰ . ①行… Ⅱ . ①许… ②海… ③海… ④海…
Ⅲ . ①许行彬－文集 Ⅳ . ①C539

　　中国版本图书馆 CIP 数据核字（2021）第 052835 号

行彬文稿

XING BIN WEN GAO

许行彬 著

海宁市周王庙镇人民政府
海宁市图书馆编
海宁市许行彬研究会

责任编辑	沈明珠	
封面设计	天　昊	
责任印制	包建辉	
出版发行	浙江工商大学出版社	
	（杭州市教工路 198 号　邮政编码 310012）	
	（E-mail：zjgsupress@163.com）	
	（网址：http://www.zjgsupress.com）	
	电话：0571-88904980，88831806（传真）	
排　　版	杭州天昊文化艺术有限公司	
印　　刷	杭州良诸印刷有限公司	
开　　本	710mm×1000mm　1/16	
印　　张	16.5	
字　　数	157 千	
版 印 次	2021 年 12 月第 1 版　2021 年 12 月第 1 次印刷	
书　　号	ISBN 978-7-5178-4390-0	
定　　价	68.00 元	